铸牢中华民族
共同体意识研究丛书

郑师渠 著

近代中华民族共同体意识的自觉

以国共合作为中心的考察

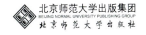

北京师范大学出版集团
BEIJING NORMAL UNIVERSITY PUBLISHING GROUP
北京师范大学出版社

前　言

近代中华民族共同体意识的自觉是历史的概念，它随时代与人们认知的发展而变动，日趋深化。所谓"实至名归"，固然说明了追溯"中华民族"一词在近代的缘起及考察其概念的演化史是必要的，但又不应满足于概念史的考察，而需将之置于近代历史发展进程的大背景下加以考察，即还需重视其阶段性发展的特点。1917 年李大钊发表《新中华民族主义》，第一次赋予了"中华民族"概念以现代的意义，这是近代中华民族由自在转向自觉的鲜明标志；此后的 20 年间，即从 1917 年至 1937 年，国共两度合作，恰构成了中华民族实现自觉的完整阶段。考虑到"近代中华民族共同体意识的自觉"题目过大与上述阶段性的特点，这本小书加了一个副标题——"以国共合作为中心的考察"，目的是适当缩小范围和突出重点。全书共三章：第一章为"中华民族"的概念史考察；第二章重点讨论国共两次合作，包括发动国民革命、建立全国抗日民族统一战线等，如何推动了近代中华民族共同体意识的自觉并趋向深化；第三章讨论时人提出了坚定的民族信念，即坚信"中华民族原为不可分割之整体"，强调这正是近代中华民族共同体意识自觉的一个重要表征。本书附录一篇文章：《铸牢中华民族共同体意识断想》。限于作者水平，本书难免有不妥处，尚祈读者教正。

郑师渠

2022 年 8 月 19 日于京师园

目 录

第一章
近代中华民族共同体意识由自在转为自觉

概念是人们在认识与改造客观世界的过程中形成的认知范畴与工具。概念随社会历史和人类认识的发展而变化，故概念史中沉淀着社会历史文化发展的轨迹，尤其是涵盖面广、影响深远的重要概念，其内涵与外延的历史变迁，生动地反映了在不同的历史阶段，人们对于客观环境变动的感知，以及试图应对此种变动而作出的种种努力。从这个意义上说，概念史研究不仅是"概念的考古"，还构成了历史研究的新面相。

"中华民族"概念生成于 20 世纪初，它无疑是迄今影响中国社会历史发展最为深远的重要概念之一。然而，中华民族作为自在的民族实体，却是形成于战国秦汉时期。古云"名者，实之宾也"，又云"实至而名归"。这从逻辑上说明了中华民族共同体意识确实存在着由古代的自在到近代的自觉的转化过程。

同时，"周虽旧邦，其命维新"。"中华民族"一词的最早出现虽有一定的偶然性，但是，人们在古老的中华文化系统中选取"中华"与"民族"两个词，组合创造出新的名词，以指称中华民族这个世界上最为宏大的民族共同体，并与现代民族国家的认同相统一，显然又有其自身的必然性。需要指出的是，"中华民族"一词最初仅用以指称汉族，后经辛亥革命的洗礼与"五族共和"的过渡，到五四前，具有现代意义的"中华民族"概念才得以最终确立。足见"中华民族"概念史与中国历史一脉相承，考察其缘起及演进，实为人们把握与理解近代中华民族共同体意识由自在转为自觉的应有路径。

一、从费孝通"中华民族多元一体格局"说起

　　中华民族是中国各民族的总称，它是中国多民族统一国家在长期历史发展过程中形成的民族共同体。要探讨近代中华民族共同体意识由自在转为自觉的过程，首先还需从提出此一概念的费孝通"中华民族多元一体格局"的理论说起。

　　20世纪20年代，受西方近代民族学东渐的影响，以中国民族为研究对象的中国民族学迎来了自己的滥觞期。1922年，梁启超发表《中国历史上民族之研究》一文，开其先河。他在文中解释了"民族"一词的含义，将民族与种族、国民加以区别，指出外国学者所谓"中国人种西来"说，不足为训。他认为，中国境内有六个民族，中国古代民族可分为八个组，而汉族是在长期发展过程中与各族融合而成的混合体。故中华民族非"由同一祖宗血胤衍生"，而是"自始即为多元的结合"。[①] 尽管梁启超的一些

---

① 梁启超：《中国历史上民族之研究》，见汤志钧、汤仁泽编：《梁启超全集》第11集，376页，北京，中国人民大学出版社，2018。

论述未必准确，但从民族史研究发展史上看，此文仍是一篇有重要影响的文章。20—30 年代之际，由王桐龄、吕思勉、林惠祥各自撰写的书名都为《中国民族史》的三本著作接连出版，反映了中国民族研究已逐渐引起学界的关注。但是，包括吕振羽于 1947 年出版的《中国民族简史》在内，这四本书对于民族的分类，仍依照民国初创时提出的"五族共和"的思路，分列汉、满、蒙、回、藏，或加上苗族与其他民族。其共同特点是各民族分别描述，而未能对各民族间的关系作综合与整体研究；同时，主要利用的是旧书，缺乏考古与民族的社会历史调查资料。换言之，"中华民族"作为中国各民族统一的共同体，尚未进入人们的研究视野。

中华人民共和国成立后，随着新的社会制度的建立，各民族真正实现了平等。党和国家高度重视民族工作，1950—1952 年，中央人民政府曾派中央访问团到各大行政区遍访当地的少数民族。从 1953 年起，我国开始进行民族识别工作；1956 年，又进行全国性的民族调查，60

年代告一段落，到1991年才结束。经过这些大规模的民族工作，56个民族才最终确定下来，这期间还整理出版了大量的民族资料。与此同时，从中央到地方，各级民族研究机构与民族院校也相继建立起来。这些工作将我国的民族研究推进到了新阶段。但是，这也决定了此期民族研究的重点主要集中于各民族的研究，各民族间的关系即中华民族的整体性研究仍付阙如。改革开放后，民族研究进一步呈现出了前所未有的繁荣景象，地区民族研究与民族关系研究有了一定发展，汉民族研究也开始受到关注。但从总体上看，到20世纪80年代中期前，"中华民族"作为民族共同体的研究，始终未被真正提上议事日程。直到80年代末，费孝通登高一呼，提出著名的"中华民族多元一体格局"理论，情况才有了根本的转变。

费孝通早年学习社会学，留学英国，抗战期间回国，曾在汉族和少数民族聚居地区进行实地考察。中华人民共和国成立后，他又参加了大规模的民族普查工作，从此将自己的研究工作重点转向了民族研究。从1935年在广西大瑶山调查时起，费孝通便对"中华民族"的整体性问题有所思考。他晚年回忆说："当我参加中国少数民族社会历史调查时，我心里怀着一系列问题有待研究。这些问题一直挂在心上。我虽则 1957 年以后已无缘在实地调查中寻求答案，但并没有在思想中抹去。困惑我的主要问题是汉族对少数民族社会历史发展发生过什么作用和怎样去看待包含汉族和国内少数民族在内的'中华民族'。"1988年，年近八旬的费孝通接到了香港中文大学"特纳讲座"的邀请，该讲座属国际高端学术论坛。费孝通说，在这次邀请的推动下，"出于我对民族研究的留恋，老问题又涌上心头"[1]，于是利用在威海休假的这段时间，他最终完成了《中华民族的多元一体格局》这篇文章。正是这篇在他心中酝酿了半个世纪之久的大文章，从人类学、考古学、语言学、历史学等各方面对中华民族形成的历史过程做了系统综合的研究，提出了"中华民族多元一体格局"的理论

---

[1]　费孝通：《简述我的民族研究经历和思考》，载《北京大学学报》，1997（2）。

构想，成为我国民族研究尤其是中华民族研究与民族理论发展的重要里程碑。

费孝通在文中对自己的基本理论观点作了如下概括：

中华民族作为一个自觉的民族实体，是近百年来中国和西方列强对抗中出现的，但作为一个自在的民族实体则是几千年的历史过程所形成的。我这篇论文将回溯中华民族多元一体格局的形成过程。它的主流是由许许多多分散存在的民族单位，经过接触、混杂、联结和融合，同时也有分裂和消亡，形成一个你来我去、我来你去，我中有你、你中有我，而又各具个性的多元统一体。这也许是世界各地民族形成的共同过程。中华民族这个多元一体格局的形成还有它的特色：在相当早的时期，距今三千年前，在黄河中游出现了一个若干民族集团汇集和逐步融合的核心，被称为华夏，它像滚雪球一般地越滚越大，把周围的异族吸收进了这个核心。它在拥有黄河和长江中下游的东亚平原之后，被其他民族称为汉族。汉族继续不断吸收其他民族的成分日益壮大，而且渗入其他民族的聚居区，构成起着凝聚和联系作用的网络，奠定了以这疆域内部多民族联合成的不可分割的统一体的基础，形成为一个自在的民族实体，经过民族自觉而称为中华民族。①

在另一处，为让人们更好地理解自己的理论观点，他又特别指出，"中华民族多元一体格局"的理论构想中，包含了以下三个主要论点。

其一，"中华民族是包括中国境内 56 个民族的民族实体，并不是把 56 个民族加在一起的总称，因为这些加在一起的 56 个民族已结合成相互依存的、统一而不能分割的整体，在这个民族实体里所有归属的成分都已具有高一层次的民族认同意识，即共休戚、共存亡、共荣辱、共命运的感情和道义。这个论点我引申为民族认同意识的多层次论。多元一体格局中，56 个民族是基层，中华民族是

---

① 费孝通：《中华民族的多元一体格局》，载《北京大学学报》，1989（4）。

高层"。

其二，"形成多元一体格局有个从分散的多元结合成一体的过程，在这过程中必须有一个起凝聚作用的核心。汉族就是多元基层中的一元，由于他发挥凝聚作用把多元结合成一体，这一体不再是汉族而成了中华民族，一个高层次认同的民族"。

其三，"高层次的认同不一定取代或排斥低层次的认同，不同层次可以并存不悖，甚至在不同层次的认同基础上可以各自发展原有的特点，形成多语言、多文化的整体。所以高层次的民族可说实质上是个既一体又多元的复合体，其间存在着相对立的内部矛盾，是差异的一致，通过消长变化以适应于多变不息的内外条件，而获得这共同体的生存和发展"。①

质言之，其上述三大主要论点，即民族认同的"分层"论，"多元一体格局"中的汉族"核心"论，"一与多"

---

① 费孝通：《简述我的民族研究经历和思考》，载《北京大学学报》，1997（2）。

的辩证统一论。缘此，费孝通的理论充分显示了自身严谨的自洽性。

关于中华民族是多元的构成或称之为"复体"，此前在梁启超、孙中山、杨度诸人的言说中，也不乏其例。如梁启超在《中国历史上民族之研究》中说：中华民族"自始即为多元的结合"。它以"多元结合"的诸夏为"枢核"，"'诸夏一体'的观念，渐深入于人人之意识中，遂成为数千年来不可分裂、不可磨灭之一大民族"。① 但是，这些言论毕竟多属吉光片羽，未能形成自身系统的理论。费孝通说："在这篇文章中我初步走出了郁积多年在民族研究上的困惑，也提出了一些值得继续探索的观点。"② 这自然是自谦之语。他的理论第一次在哲学的层面上高度概括了中华民族的结构、特质及发展的生命机理，且为人们进一步的研究开启了无数法门。此一重大理论创获很快便震动

---

① 梁启超：《中国历史上民族之研究》，见汤志钧、汤仁泽编：《梁启超全集》第 11 集，376、377 页，北京，中国人民大学出版社，2018。
② 费孝通：《简述我的民族研究经历和思考》，载《北京大学学报》，1997（2）。

了国内外的学术界。如梁启超所说，在学术发展史上具"开国规模"者，"自有一种元气淋漓之象"。① 其理论构想成为我国民族史研究尤其是中华民族研究与民族理论发展的重要里程碑。

　　"中华民族多元一体格局"已成为当下国人对中华民族根本特质的一种公认的标准表述。"铸牢中华民族共同体意识"更上升为党和国家治国理政顶层设计中的重要战略决策，一种关乎中华民族最终实现伟大复兴的"国是"。它既是马克思主义中国化的最新理论成果，也是我党民族理论与民族政策的创新性发展。与此同时，国家四部委在全国高校和一些研究机构设立了第一批"铸牢中华民族共同体意识研究基地"，高校相关课程业已开设。质言之，"铸牢中华民族共同体意识"不仅是"国是"，也是全党、全国人民的共识，更走进了高校、走进了课堂，成为史学界、教育界普遍关注与着力开拓的重要学术研究新领域，

① 梁启超：《清代学术概论》，见汤志钧、汤仁泽编：《梁启超全集》第 10 集，217 页，北京，中国人民大学出版社，2018。

远远超出了单纯民族史研究的范畴。

不过，要看到，中华民族共同体虽然早在2000多年前的战国秦汉之际便已形成，但因在长期的发展过程中并未遇到真正足以威胁各民族共同利益的外部世界的力量，故中华各民族还不可能自觉地意识到共同体内在的统一性与彼此利益的一体性，中华民族共同体仍处于"自在"阶段。到近代，中国面临帝国主义的侵略，国衰民穷，岌岌可危，各族人民遭受了同样的悲惨命运，他们在奋起共同反抗列强侵略的斗争中，生死相依，荣辱与共，开始自觉地意识到了中华民族共同体的统一性与一体性。费孝通"中华民族多元一体格局"理论提出近代中华民族共同体意识实现了由自在转为自觉的重要命题，不仅合乎历史实际，且十分深刻。但是，这毕竟还仅是一种有重要指导意义的理论观点和需要进一步思考的命题，而非具体的答案。

所谓"自在"与"自为"，原为黑格尔哲学中的术语。前者意为"潜在"，后者意为"展开""显露"。在黑格尔看来，事物从"自在"到"自为"的发展，即体现为由"存在"到"思维"的转化，亦即体现为由低级阶段到高级阶段的发展，故"自在"与"自为"又可引申为"自发"与"自觉"的含义。马克思主义正是在这个意义上，将无产阶级的成长分为"自在阶级"和"自为（自觉）阶级"两个阶段。费孝通在哲学层面上，将中华民族的发展分为"自在"与"自觉"（"自为"）两个历史时期，实神来之笔，充满辩证思维，意蕴深邃。质言之，所谓"自在"，便是不"自觉"；所谓"自觉"，从心理学上说，就是一种表现为内在自我发现、外在自我创新的解放意识。

张君劢说，"民族自觉"就是"民族意识"，"简言之，即民族自知其为民族之谓"。[①]所谓近代中华民族共同体意识由自在转为自觉，说到底，就是近代国人实现了对中华民族共同体的认同，进而追求中华民族的共同解放（民族

---

① 张君劢：《中华民族复兴之精神的基础——在广州中山大学演讲》，见翁贺凯编：《中国近代思想家文库·张君劢卷》，321 页，北京，中国人民大学出版社，2014。

复兴）。此种认同除了源于近代各族人民同生死、共命运，携手反抗外来侵略的斗争实践外，又与现代民族国家的观念互为表里。故这里需对民族、国家与民族国家的概念稍作说明。

民族的定义十分复杂，迄无定论。一位西方学者说："我们根本无法为民族下一个'科学的'定义；然而，从以前到现在，这个现象却一直持续存在着。"[①]nation 最早源于拉丁语，作为概念经历了前现代与现代两个阶段的演变过程。这个词在早期阶段一直与血缘或地区的含义相联系。在 16、17 世纪，nation 这个词发生了重大变化，具有了不管其种族集团而把一国之内的人民统称为"民族"的意义，后来又作为"国家"（country, state）的同义词。nation 还开始具有与"人民"（people）相对应的意义。这样，"民族"（nation）的含义具有了政治意义，意指一种政治组织或国家。民族的概念主要偏重于心理与文化，

① ［美］本尼迪克特·安德森著，吴叡人译：《想象的共同体：民族主义的起源与散布》，3页，上海，上海人民出版社，2003。

国家主要是一个政治单位和政治法律概念。但民族与国家之间又有密切的联系，其关系较为错综复杂。有的是有民族而无国家，也有一国中存在着多民族，即多民族国家。只有当民族与国家两者合为一体，即国家内只有单一的民族，国家的领土界线与民族居住地范围相同，而且文化与政治已经逐渐整合，这种国家才称为民族国家（nation-state），或叫"一个民族一个国家"。[①] 西方资产阶级在推翻封建王朝国家、构建现代民族国家的过程中，把民族主义与民主主义相结合，形成了具有政治意义的民族主义。这样，这种新型民族国家的基础不仅是民族的共同心理和文化，更重要的是民族的共同政治认同，即包含民主、自由、人权、国民平等等政治原则和观念。

西方民族国家有两种类型：一是以英、法为代表，突出民权平等的民主主义原则；二是以德意志为代表，突出文化民族主义。要言之，nation包含着民族与国家的意

---

① 李宏图：《西欧近代民族主义思潮研究——从启蒙运动到拿破仑时代》，2、5、259 页，上海，上海社会科学院出版社，1997。

蕴，也译成国家（尽管state也译成国家）。故吉尔·德拉
诺瓦说："民族首先是通过国家进入历史进程之中的。二
者构成一个共生体，民族是生命体，国家是组织者。"①
厄内斯特·盖尔纳说："民族主义认为，民族和国家注定
是连在一起的；哪一个没有对方都是不完整的，都是一场
悲剧。"②

　　缘此，不难理解，近代中华民族共同体意识的自觉，
同时即基于和内含着对现代民族国家的认同，二者互为表
里，相辅相成。

二、中华民族概念的缘起及演进

　　作为中国各民族的集体总称，"中华民族"又是一个
天造地设、富有深厚历史文化底蕴的庄重称谓。20世纪

---

① 〔法〕吉尔·德拉诺瓦著，郑文彬、洪晖译：《民族与民族主义》，66页，北
　京，生活·读书·新知三联书店，2005。
② 〔英〕厄内斯特·盖尔纳著，韩红译：《民族与民族主义》，9页，北京，中
　央编译出版社，2002。

30年代，全民族抗战开始之际，致力于民族统一的顾颉刚曾不无庆幸地说道，中国民族的共同体，"现在有了这个最适当的中华民族之名了"①。考察中华民族概念的缘起及演进，也正是我们理解与把握近代中华民族共同体意识由自在转为自觉的应有路径。

"中华"一词，是从"中国"与"华夏"两个名称中各取一个字组成的。为了说清这一点，需梳理"夏""华""华夏"与"中国"这些名称的缘起及演化与融合。"夏"字早在甲骨文中就出现了，武丁时代的一则卜辞中就有："己巳卜，雀氏夏。十二月。"②这里的"夏"当指商代夏遗民的部族。西周时期的周人自称为"有夏"，称自己居住的地方为"区夏"③，说明周人自认是"夏"的继承者。

---

① 顾颉刚：《中华民族是一个》，载《益世报·边疆周刊》，1939-02-13，第4版；复载《西北通讯》（南京），1947（1）。
② 郭沫若主编：《甲骨文合集》，第8984片，北京，中华书局，1982。
③ 《尚书·君奭》说周文王"尚克修和我有夏"，《尚书·康诰》说周文王"用肇造我区夏"。参见（清）阮元校刻：《十三经注疏·尚书正义》卷十六，224页，卷十四，203页，北京，中华书局，1980。

不仅如此，周人将"夏"的范围扩大，有诗称"无此疆尔界，陈常于时夏"①。汉儒许慎《说文解字》训释"夏"字："夏，中国之人也。"这说明，自西周时期起，"夏"即指中国。"华"字同样起源久远，甲骨文中是否存在"华"字，学界尚无定论，在西周铭文中，"华"字已然出现，有光鲜、亮丽、荣耀之意。如有铭文："子子孙孙永宝用华。"这里的"华"字，即意为彰显荣华。由于"夏"字本身也包含有"大""美""壮阔"之意，春秋时期便出现了将两字组合在一起的"华夏"一词。它最早见于《左传·襄公二十六年》，时蔡国大夫公孙归生向楚令尹子木谈到楚晋之战的结果时说，晋胜楚败，中原诸侯国因之多叛楚归晋，"楚失华夏"②。"华夏"可简称"华"或"夏"。孔颖达有疏曰："夏，中国有礼义之大，故称'夏'；有

① 《诗经·周颂·思文》，见（清）阮元校刻：《十三经注疏·毛诗正义》卷十九，590页，北京，中华书局，1980。
② 《左传·襄公二十六年》，见（清）阮元校刻：《十三经注疏·春秋左传正义》卷三十七，1991页，北京，中华书局，1980。

服章之美，谓之'华'。华、夏一也。"①春秋时人以"华夏"与"戎狄蛮夷"区分天下的邦国，其标准是文化水平的高低。周人自认创造了礼乐文明，故"华夏"无论是精神世界还是物质文化都要高于"戎狄蛮夷"。但是，此种区分的界限又不是固定不变的，所以，顾颉刚、王树民两先生说："当所谓'蛮夷'国家吸收'诸夏'国家文化，具有了'诸夏'国家的条件时，即可进入'诸夏'的行列，正如'诸夏'国家在丧失其条件时，即被视为"夷狄"一样。秦国和杞国是后一种情况的实例，属于前一种情况的则有楚国。"②"华夏"代表一种具有更高文明程度的开放型的文化系统，这既有利于吸引"夷狄"加入其中，也有利于"华夏"本身不断吸收"夷狄"的长处丰富自己，从而进一步推动了其时的文化融合。

"中国"一词，最早见于 1963 年出土于陕西宝鸡贾

① 《左传·定公十年》，见（清）阮元校刻：《十三经注疏·春秋左传正义》卷五十六，2148 页，北京，中华书局，1980。
② 顾颉刚、王树民：《"夏"和"中国"——祖国古代的称号》，见史念海主编：《中国历史地理论丛》第 1 辑，10 页，西安，陕西人民出版社，1981。

村的西周成王时的青铜器"何尊"的铭文，其中说："余其宅兹中国，自之辥民。"意思是周武王说：我要在此"中国"建都，并治理天下。"中国"不仅指黄河中游的华夏文明的核心地区，而且指以中央区域"王畿"为中心，往外无限延展，包括"诸夏""蛮夷"等在内的广袤无垠的"天下"。这与时人相信"天下一家"的博大胸怀是相一致的。后来从"中国"与"华夏"两个词中各取一个字合成"中华"一词，是在魏晋时期，最早见于东晋裴松之为《三国志》所作的注中："若使游步中华，骋其龙光，岂夫多士所能沈翳哉。"① "中华"意指居于中国的大美诸族。到了唐代，"中华"已成普遍用语，逐渐取代了"华夏"，等同于"中国"。同时，"中华"一词还被写入了法律条文。《唐律疏议》卷三《名例》有一条规定：妇人犯流放罪者，"纵令嫁向中华，事发还从配遣"②。南宋此山贾冶子作《唐

---

① 　（西晋）陈寿撰：《三国志》卷三十五《蜀书·诸葛亮传》，百衲本宋绍熙刊本。
② 　（唐）长孙无忌等撰，刘俊文点校：《唐律疏议》卷三，75页，北京，中华书局，1983。

律释文》，对这条规定中的"中华"作这样的解释："'中华'者，中国也。亲被王教，自属中国。衣冠威仪，习俗孝悌，居身礼义，故谓之'中华'。非同远夷之俗，被发左衽，雕题文身之俗也。"① 足见，"中华"一词既指中国，复含文化华美高尚的意涵，变得更加确定了。②

　　近代以降，梁启超、章太炎、杨度诸人关注"中华民族"的起源问题，对于"中华"一词也多有讨论。例如，杨度认为，在古代，"中国"是国名，"中华"是族名。"中国云者，以中外别地域之远近"；族群之别，别于文化，"中华云者，以华夷别文化之高下"。故"中华"不是"一地域之国名"，也不是"一血统之种名"，而是"一文化之族名"。也唯其如此，"《春秋》之义，无论同姓之鲁、卫，异姓之齐、宋，非种之楚、越，中国可以退为夷狄，夷狄可以进为中国，专以礼教为标准，而无亲疏之别。其

---

① （宋）此山贳冶子撰，（元）王元亮重编：《唐律释文》卷三，见杨一凡编：《中国律学文献》第 2 辑，147 页，哈尔滨，黑龙江人民出版社，2005。
② 以上内容参考了晁福林：《从"华夏"到"中华"——试论"中华民族"观念的渊源》，载《史学史研究》，2020（4）。

后经数千年混杂数千百人种，而其称中华如故"，其道理就在这里。古代之所以以"华"喻文化，为族名，是因为"华为花之原字，以花为名，其以之形容文化之美，而非以之状态血统之奇，此可于假借会意而得之者也"。[①] 这与上述今天学界的认知无疑是相通的。章太炎著有《中华民国解》，对杨度的说法持异议。他认为，"'华'本华山，居近华山而因有华之称。后代华称既广，忘其语原，望文生训，以为华美，以为文明，虽无不可，然非其第一义"。"华"乃国名，而非族名，"夏"才是族名。"夏"因"夏水"而得名，是水有"夏""汉""漾""沔"等不同称谓。"夏本族名，非邦国之号，是故得言'诸夏'。"而夏水与华山同地，故"华""夏""汉"三义相通。"建汉名以为族，而邦国之义斯在；建华名以为国，而种族之义亦在。此中华民国之所以谥。"[②] 从学术上看，章太炎的上述观点自有

① 杨度：《金铁主义说》，见刘晴波主编：《杨度集》，374页，长沙，湖南人民出版社，1986。

② 张枏、王忍之编：《辛亥革命前十年间时论选集》第二卷下册，734、735页，北京，生活·读书·新知三联书店，1978。

其"一家之言"的合理性。但也要看到，其时的章太炎正力倡"排满"论，故刻意突出"种族之义"与血统说，而极力否认杨度提出的"中华"非"一血统之种名，乃为一文化之族名"，即以礼教、文化之高低为标准区分华夏与"夷狄"的重要见解。章太炎的观点明显带有偏狭的民族主义情绪。

"民族"一词在中国古代汉语里甚少出现。其相类的意涵，常用"人""种人""族""氏族""族类""部族""种族"等词来表示。"族"有区分类别的意义，多单独使用。将"民"与"族"两字联结成双音的"民族"一词，虽甚少见，但也不是没有。例如，《南齐书》卷五十四《高逸传·顾欢传》中就出现了"民族"一词："今诸华士女，民族弗革，而露首偏踞，滥用夷礼……"[①] 这里的"民族"指"族属"，意为族属未变，却用"夷礼"，违背了"夷夏大防"。又如，唐李筌的《神机制敌太白阴经·序》写道："愚人得之以

---

① 　（梁）萧子显撰：《南齐书》，934 页，北京，中华书局，1972。

倾宗社，灭民族。"①"民族"与"宗社"对举，显然有族群之意。中国古代虽然出现了"民族"一词，却甚少见于文献，说明这一名词本身不稳定，它与现代意义的"民族"一词不能等量齐观。1837 年在西方来华传教士郭实腊所编的中文刊物中，第一次出现了诸如"以色列民族"等现代意义的"民族"一词的用法。②近代第一次使用现代意义的"民族"一词者当是王韬，约在 19 世纪 70 年代中期，他在《洋务在用其所长》中说："夫我中国乃天下之至大之国也，幅员辽阔，民族殷繁，物产饶富，苟能一旦奋发自雄，其坐致富强，天下当莫与颉颃。"③其后，尤其到了 19 世纪末 20 世纪初，以梁启超为代表，人们开始普遍使用现代意义的"民族"一词。例如，1901 年梁

①　（唐）李筌撰：《神机制敌太白阴经·序》，清咸丰四年（1854）长恩书室丛书本。

②　《论约书亚降迦南国》，见爱汉者等编，黄时鉴整理：《东西洋考每月统记传》，道光丁酉年九月（1837 年 10 月），271 页，北京，中华书局，1997。

③　（清）王韬：《弢园文录外编》卷三《洋务在用其所长》，143 页，郑州，中州古籍出版社，1998。

启超在《中国史叙论》一文中，就用了"泰西民族""中国民族""亚洲民族"的概念。①

近代最早将"中华"与"民族"两个词连用，创造了"中华民族"一词的人，正是梁启超。1902 年，他在《论中国学术思想变迁之大势》一文中谈到南北不同学术派别的思想时说："齐，海国也。上古时代，我中华民族之有海思想者厥惟齐，故于其间产出两种观念焉：一曰国家观，二曰世界观。国家观衍为法家，世界观衍为阴阳家。"② 不过，从全文看，这里的"中华民族"实为"中华"与"民族"两个词带有偶然性的连用，意为"中国民族"。此后，"中华民族"一词才慢慢成了一个具有稳定性的词汇而逐渐沉淀下来，成为一个新词、新概念。不过，它最初指的是华夏族即汉族，与现代意义的"中华民族"概念尚相去甚远。但是，重要的是，"中华民族"一词，天造地设，毕

① 梁启超：《中国史叙论》，见汤志钧、汤仁泽编：《梁启超全集》第 2 集，310～320 页，北京，中国人民大学出版社，2018。

② 梁启超：《论中国学术思想变迁之大势》，见汤志钧、汤仁泽编：《梁启超全集》第 3 集，33 页，北京，中国人民大学出版社，2018。

竟出现了。尽管历史表明它还需经受时代风雨的洗礼，才能最终沉淀和升华为中华民族共同体"最适当"的集体称谓。1905 年，梁启超在《历史上中国民族之观察》中写道："今之中华民族，即普通俗称所谓汉族者，自初本为一民族乎？抑由多数民族混合而成乎？此吾所欲研究之第一问题。"这里的"中华民族"，已是专有名词了；但是，它仅限于指称汉族，同样也是明确的。如此文的题目所示，在梁启超眼中，"中国民族"是广义的概念，指称中国各民族；"中华民族"则是狭义的概念，指称汉族，或叫"我中国主族，即所谓炎黄遗胄者"。[①]随后，杨度也使用了"中华民族"一词，但同样是指称汉族。[②]

　　需要指出的是，19 世纪末 20 世纪初，西方有关现代民族国家的理论已渐输入，梁启超显然深受影响。他的《国家思想变迁异同论》（1901 年）、《新民说》（1902 年）、《政

① 梁启超：《历史上中国民族之观察》，见汤志钧、汤仁泽编：《梁启超全集》第 5 集，76 ～ 77 页，北京，中国人民大学出版社，2018。

② 杨度：《金铁主义说》，见刘晴波主编：《杨度集》，374 页，长沙，湖南人民出版社，1986。

治学大家伯伦知理之学说》(1903 年)，对此多有系统论说。例如，他说，现代国家以国民为基础，全体国民拥有选举、立法及自由平等的权利。"国家与人民一体"，盛衰相依，"如影随形"。^①又说，随着文明的发展，部民进而为国民。"有国家思想，能自布政治者，谓之国民。天下未有无国民而可以成国者也。"^②在《政治学大家伯伦知理之学说》一文中，他更创造性地将铸造中华民族这个"大民族"的构想与民族国家的理论结合了起来。他接受伯伦知理的理论，承认中国最大的弱点是有部民却无国民，故当务之急是"必先铸部民使成国民"；但同时他又强调，中国不能简单照搬西方的理论："伯伦知理所述异族同国之诸款，与中国今日情事，皆不相应，盖各国发育之不同，如人面焉。未有可以他国之历史，为我国之方针者也。"伯伦知理以为多民族的国家最脆弱、弊端最多，现实中除

① 梁启超：《国家思想变迁异同论》，见汤志钧、汤仁泽编：《梁启超全集》第 2 集，322 页，北京，中国人民大学出版社，2018。
② 梁启超：《新民说》，见汤志钧、汤仁泽编：《梁启超全集》第 2 集，543 页，北京，中国人民大学出版社，2018。

了整合成新民族外，西方各国有几种处置个案，如让其各自另立新国，挑拨其间、分而治之等。梁启超不以为然，他说，不是还有美利坚的例子吗？它也由多民族构成，却能合成一个民族，中国完全可以选择走这条路。由此，他引出了自己关于区分"大、小民族主义"的著名论断："由此言之，则吾中国言民族者，当于小民族主义之外，更提倡大民族主义。小民族主义者何？汉族对于国内他族是也。大民族主义者何？合国内本部属部之诸族以对于国外之诸族是也。""自今以往，中国而亡则已，中国而不亡，则此后所以对于世界者，势不得不取帝国政略，合汉、合满、合蒙、合回、合苗、合藏，组成一大民族，提全球三分有一之人类，以高掌远蹠于五大陆之上，此有志之士所同心醉也。"①梁启超提出大、小民族主义的观念，主张仿效美国，合汉、满、蒙、回、苗、藏组成一大民族——中华民族，以完成民族国家的建构。这是发人所

①　梁启超：《政治学大家伯伦知理之学说（二）》，见汤志钧、汤仁泽编：《梁启超全集》第 4 集，214、215 页，北京，中国人民大学出版社，2018。

未发的一大创见，为其后国人关于中华民族认同的种种
构想开辟了先路。

耐人寻味的是，正是当时革命派孙中山等人的"排
满"革命宣传，引发了立宪派梁启超等人关于中华民族认
同问题的最初思考。在他们看来，依伯伦知理的理论，内
部多民族的国家要打造国民资格，建立民族国家，"民族
主义"并非"建国独一无二之法门"，相反，"各应于时势
而甚多其途也"。然而，"两年以来，民族主义，稍输入于
我祖国，于是排满之念，勃郁将复活"。①革命派以"排满"
革命为建国不二法门，恰恰是认错了题目。在其时与革命
派的大论战中，立宪派不赞成革命派"排满"革命的主张，
认为汉族是多民族混合的产物，汉满间并无严格的民族界
限，故提倡民族联合的大民族主义才是救国的正道。革命
派的"排满"与其所倡言的"救国"，岂非南其辕而北其辙？
故汉人持"排满"论与满人持"排汉"论，同样愚不可及，

---

① 梁启超：《政治学大家伯伦知理之学说（二）》，见汤志钧、汤仁泽编：《梁
　　启超全集》第 4 集，213 页，北京，中国人民大学出版社，2018。

因为道理很简单：持狭隘的民族主义，只能导致国家分裂。杨度说得更具体："若汉人忽持民族主义，则以民族主义之眼视之，必仅以二十一行省为中国之土地，而蒙、回、藏地皆非；仅以汉人全部为中国之人民，而蒙、回、藏人皆非；排满之后，若不更进而排蒙、排回、排藏，则不能达其以一民族成一国家之目的，而全其民族主义。使其如此，则蒙、回、藏固亦主张民族主义之人也，不仅我排彼，彼且排我。于是全体瓦解，外人乘之，俄罗斯之国旗，必飞扬于长城之下"[1]，中国真土崩瓦解了！其说较梁启超更透彻。杨度等人也使用"中华民族"一词，并沿梁的思路，主张整合汉、满、蒙、回、藏诸族以成一大民族，共同对外。

就民族观而言，梁启超诸人显然较革命派更具理性精神，但是却受到了自身立宪派政治立场的制约。他们坚持，欲实行合汉、满、蒙、回、藏诸族的大民族主义，必

---

[1]　杨度：《金铁主义说》，见刘晴波主编：《杨度集》，280～281页，长沙，湖南人民出版社，1986。

须以确保清政府实行君主立宪为前提，因而反对共和革命。例如，杨度就径直强调，要融合各族成就中华民族这个"大民族"，只有在君主立宪政体即保存清朝政权的前提下才可能实现："必仍固有之君主、固有之政府，而后能行之，否则必不能，非民主立宪党之欲排君主、废政府者所能剿袭者也"，"然不立宪，又无以实行满、汉平等，蒙、回同化之策，此予所以视满、汉平等，蒙、回同化，为与君主立宪有密切之关系者也"。[1] 将"大民族主义"的主张与反对共和革命的君主立宪派的政治立场捆绑在一起，使得一个本有创意的积极命题，因之异化成了抵拒革命的消极因素，终归于黯然失色。

　　其时革命派鼓吹"排满"革命十分激烈，实际上也确实鼓荡起了革命风潮。蔡元培曾对此提出质疑，以为在 20 世纪文明的时代再鼓吹种族仇恨是不应当有的事，这只能说是一种"政略"即策略罢了。梁启超诸人也以为

---

[1]　杨度：《金铁主义说》，见刘晴波主编：《杨度集》，371、372 页，长沙，湖南人民出版社，1986。

然。但是，革命派却不愿承认这一点。然而，意味深长的
是，辛亥革命后，共和告成，革命派不仅毅然放弃了原有
的"排满"主张，而且将自己曾经的政敌与论战的对手，
即以梁启超等人为代表的立宪派思想主张中关于汉、满、
蒙、回、藏等族合成大民族的合理思想内核剥离出来，
与新肇建的共和制度相结合，创立了"五族共和"的全新
构想。1912 年 1 月，孙中山在就任中华民国临时大总统
时发布的宣言书中，开宗明义第一条，便是宣布"民族之
统一"："国家之本，在于人民。合汉、满、蒙、回、藏
诸地为一国，即合汉、满、蒙、回、藏诸族为一人。"① 这
是从国家根本制度的层面上，确定并宣布了各民族一律平
等的民族关系准则。章太炎曾是鼓吹"排满"最激烈的代
表性人物之一，但他于 1911 年 10 月 10 日武昌起义当日，
即致书留日满族学生，对自己昔日过激的言论深表歉意，
同时表示清廷被推翻之后，"君等满族，亦是中国人民，

① 孙中山：《临时大总统宣言书》，见《孙中山全集》第 2 卷，2 页，北京，中
　华书局，1982。

农商之业，任所欲为，选举之权，一切平等，优游共和政体之中，其乐何似？""域中尚有蒙古、回部、西藏诸人"，"皆等视"。① 章太炎甚至早于孙中山发布临时大总统宣言，于武昌首义当天，即表明了自己民族平等的主张。这一方面说明了当年革命派鼓吹"排满"本来就是一种革命政略，另一方面也反映了革命派的真诚。

"五族共和"一词，民初盛行一时，其内涵与现代意义的"中华民族"之概念已十分接近。中华民国的建立与"五族共和"观念的确立，是一个里程碑，不仅标志着中国业已立在现代民族国家的基点上，而且标志着国人对中华民族共同体的认同迈上了全新的台阶，初步达成社会的共识。这可从其时的社会氛围中看出来。

（一）南京临时政府成立后，由汉、满、蒙、回、藏各族及社会各界人士组成的，倡言"五族共和"并以促进中华民族大融合为宗旨的各种民间社团，如雨后春笋般纷

---

① 章太炎：《致留日满洲学生书》，见汤志钧编：《章太炎政论选集》上册，520页，北京，中华书局，1977。

纷成立，蔚为大观。

例如，"中华民国民族大同会"（后改名"中华民族大同会"）、"五族共和联合会"、"五族国民合进会"，等等。其中，《五族国民合进会启》写道：

今者……合五族国民向为同宗共祖之父子兄弟者，仍为同宗共祖之父子兄弟……骨肉重逢，异域归来，阊门复睹，猜疑尽泯，欢洽无穷。……举满蒙回藏汉五族国民合一炉以冶之，成为一大民族……兹谋起点之方，同化之术，同人公酌拟合满蒙回藏汉五族公同组织一五族国民合进会……①

（二）学者纷纷著文论证宣传五族融合的历史必然性，形成了热议。

例如，《论五族共和之幸福》（1913 年）、《论五族人

①　刘苏选编：《五族国民合进会史料》，载《北京档案史料》，1992（2）。

民宜注重国家之观念》（1913 年）、《五族同化论》（1913
年，吴贯因）、《论中国之国民性》（1914年，光昇）^①，等等。
其中，吴贯因的《五族同化论》写道：

自共和告成，合五族为一家，享同等之权利。我
四万万人，亦可以仅存国民之名称，而不复有种族之界限
矣。乃一年以来，有库伦之独立，西藏之叛乱，宗族党人
之出没于各地。是皆怀抱种族之僻见，故不乐赞成共和
也。……

欧美列强，其国中虽尚存有某某种族之名，然其界限
已渐消灭，有终归于同化而已矣。他国有然，而中国亦何
独不然？盖所谓汉满蒙回藏等族云者，不特彼此之血统固
已混淆，即仅就一族之起源论之，其初亦非单纯之种族，
实集合若干小种族而成。此不独汉族为然，即满蒙回藏诸

---

① 分别载《回文白话报》，第 1—4 号，《论说》，1913；《藏文白话报》，《论说》，
　1913（9）；《庸言》，第 1 卷第 7 号，1913；《中华杂志》，第 1 卷第 1 号，
　1914。

族，亦无不皆然也。夫其始既可合若干小族以成一大族，今又何不可合五大族以为一更大之民族？质言之，则泯去种界，而成为一体之国民是也。①

（三）"五族共和"说被写入了国立学校教科书。

例如，1913年发行的《中华中学历史教科书》，其中"民族"一节这样写道：

中华民族以汉族为主位，其他各族，更起迭仆。与汉族互有关系者，曰苗族，曰通古斯族，曰蒙古族，曰土耳其族，曰西藏族。……民国崛起，满清宣布退位，以五族共和为主。……曩时吾汉族所视为外族，而相与竞争者，自共和民国成立，当融合满蒙藏回苗诸族，以抵御列国之侵陵。②

① 吴贯因：《五族同化论》，载《庸言》，第1卷第7号，1913。
② 潘武编：《中华中学历史教科书》（第一册），第二章"中华历史之概略"（第一节、第二节），2～6页，上海，中华书局，1913。

（四）"五族共和"引领民初新潮流与新的社会风尚。

中华民国初肇，国旗称"五色旗"，又称"五族共和旗"，为红、黄、蓝、白、黑五色横条，表示汉、满、蒙、回、藏"五族共和"。南京国民政府成立后，"五色旗"被"青天白日满地红旗"取代。共和与民族平等观念广泛传播，人们口必称"共和""民族平等"。凡讲演，必引"五族共和"如何如何。各种广告也多以"五族共和"做背景，才算时髦不落伍。广东某公司广告画面：五人盛装齐吹洋号，后大书"五族共和"。各类装饰也以此为时尚。可以说，"五族共和"引领了民初新潮流与新的社会风尚。

要言之，中华民国的建立与"五族共和"的提出，意味着现代意义的中华民族概念已呼之欲出。

三、李大钊"新中华民族主义"的提出

近代中华民族共同体意识实现此种由自在到自觉转变的具体时间及标志是什么，这是值得进一步讨论的问题。

英国学者雷蒙德·威廉斯说，"文化观念的历史是我们在思想和感觉上对我们共同生活的环境的变迁所作出的反应的记录"，"是针对我们共同生活的环境中一个普遍而且是主要的改变而产生的一种普遍反应。其基本成分是努力进行总体的性质评估"；又说："文化观念的形成是一种慢慢地获得重新控制的过程。"① "中华民族"一词是 20 世纪初出现的新名词、新概念，其内涵反映了国人对于建立统一的多民族国家的追求，无疑属于重要的"文化观念的历史"，反映了中华民族的自觉。换言之，这一崭新概念的确立，就是近代中华民族共同体意识由自在转变为自觉的重要标志。但是，需要指出的是：所谓存在决定意识，实至名归，是一回事；意识是否准确地反映了现实，名实是否相符，则是另一回事。20 世纪前 20 年间，"中华民族"一词从出现到真正确立为现代意义的新概念，成为国人对中华民族共同体认同的符号，其内涵经历了重要的升华与

---

① ［英］雷蒙德·威廉斯著，吴松江、张文定译：《文化与社会》，375 页，北京，北京大学出版社，1991。

提炼的过程，这是必须看到的。

令人遗憾的是，孙中山在《临时大总统宣言书》中，对于梁启超诸人首创的极具创意与历史张力的"中华民族"一词，竟弃而不用。"五族共和"虽超越了革命派与立宪派两派原有的主张，不乏创意，但终令人有意犹未尽与遗珠之憾。因为道理很显然：五族并不足以涵盖中国各民族，何以要画地自限呢？而且，此种表述与中华民国主张各民族一律平等的"民族之统一"的国策也缺乏自洽。

中华民国成立后的一段时间里，"中华民族"一词虽与"五族共和"并用，但它仅是后者的附庸，并不具有独立的现代意义。例如，上引1913年发行的《中华中学历史教科书》中的"民族"一节虽提到了"中华民族"，但最终归结的是"五族共和"；"中华民国民族大同会"虽改称为"中华民族大同会"，但讲的内容也仍是"五族共和"。1912年1月5日南京临时政府发布的《对外宣言书》中写道："吾中华民族和平守法，根于天性，非出于自卫不得已，决不肯轻启战争。"① 这里的"中华民族"称谓，确是第一次出现在了国家的官方文件中，并宣告于世界。但问题在于，有《临时大总统宣言书》在前，宣示的根本国家制度规范了"中华民族"的内涵乃指汉、满、蒙、回、藏"五族"。

真正具有独立的现代意义的"中华民族"概念，如何继起取代"五族共和"而传承至今？人们多引 1919 年后孙中山有关"中华民族"的说法一笔带过，语焉不详。实则二者的转换体现了国人民族观念的重要升华，而绝非泛泛的文字改易可比。现有的资料表明，李大钊当是推动此次转换的"临门一脚"的关键性人物。1917 年 2 月，他在《甲寅》上发表《新中华民族主义》一文，径直批评"五族共和"的说法不妥，并提出了必须高揭"新中华民族主义之赤帜"，以追求中华民族复兴的重要见解。他说，欧战后世界所面临的问题，不单是"国家之问题"，更重要的"乃民族之问题"。从奥地利、爱尔兰以及英、美、

① 孙中山：《对外宣言书》，见《孙中山全集》第 2 卷，8 页，北京，中华书局，1982。

德各国看，"或同一国内之各种民族有崩离之势，或殊异国中之同一民族有联系之情"，故一方面各国的民族运动高涨，另一方面民族的撕裂与冲突又正深刻地影响着许多国家的稳定与分合的走向，而成"其最大之隐忧"。他的观点是深刻的。到第一次世界大战时，王朝时代画下了句号，到 1922 年，哈布斯堡王朝、霍亨索伦王朝、罗曼诺夫王朝和奥斯曼王朝都已经灭亡，许多小国获得独立，但也导致了民族冲突未有穷期。李大钊所观察到的现象，战后梁启超游欧时也注意到了。他说，战后欧洲巴尔干地区新建了许多小国，彼此争斗，强国居中操纵。"此等现象，为过去战祸之媒，战后不惟没法矫正，反有些变本加厉。从民族自决主义上看来，虽然是一种进步，但就欧洲自身国际关系情况而论，恐怕不算吉祥善事哩。"① 但是，除了对"民族自决"的质疑，他没有进一步引出教训来。作为当时新文化运动的主将之一，李大钊则在中外对比之下，

---

① 梁启超：《欧游心影录》，见汤志钧、汤仁泽编：《梁启超全集》第 10 集，57 页，北京，中国人民大学出版社，2018。

引出了对中国历史文化优胜的感悟。他说，反观中国，却让人深感欣慰："吾国历史相沿最久，积亚洲由来之数多民族冶融而成此中华民族，畛域不分、血统全泯也久矣，此实吾民族高远博大之精神有以铸成之也。"事物总是相比较而存有的，有比较才有鉴别。李大钊所谓"高远博大之精神"，就是指中国各族人民对于多民族统一的中华民族共同体的认同意识与执着追求。他也正是通过对战后世界各国民族主义运动的比较，愈益看清了并坚信中华民族正由自在走向自为的伟大觉醒。

正因如此，他公开批评"五族共和"提法之不当："今犹有所遗憾者，共和建立之初，尚有五族之称耳。"因为不仅"五族"，中国历史上各民族，其"文化已渐趋于一致"，更何况今天复同为共和国民？所以必须明确昭示这样的民族新观念："凡籍隶于中华民国之人，皆为新中华民族矣。"需要进一步指出的是，在李大钊眼里，"中华民族"不仅是一种民族共同体的客观存在和族体称谓，其本身更代表着中华"高远博大"的"主义"——"此之主义，即新中华民族主义也"。他主张，从今之后，凡国家"政教典刑"，即治国理政的方方面面，都务必将此"主义"一以贯之，弘扬光大，"以建立民族之精神，统一民族之思想"。李大钊充满激情，曾一再呼唤"青春中华之创造"，现在他又一次登高而呼："余于是揭新中华民族主义之赤帜，大声疾呼以号召于吾新中华民族少年之前。"①两个月后，他在另一篇文章中再次提醒国人：中国欲自立于世界民族之林，"当以中华国家之再造，中华民族之复活为绝大之关键"②。这里的提法值得注意：中华民族作为自在的民族，出现在历史上"久矣"；当下要振兴中华，关键在于"中华民族之复活"，"复活"就是"复兴"。可以说，其时还没有第二个人能像李大钊这样，以如此深邃的识见、清晰的语言与青春的激情，将现代意义的"中华民族"概念之深刻内涵完整地昭示于国人之前；同时，

---

① 李大钊：《新中华民族主义》，见《李大钊文集》上册，301～303页，北京，人民出版社，1984。

② 李大钊：《大亚细亚主义》，见《李大钊文集》上册，450页，北京，人民出版社，1984。

李大钊明确呼吁以"中华民族"的概念取代"五族共和"，并致力于中华民族的伟大复兴！

1917 年 9 月，李大钊好友申悦庐在《神州学丛》发表《中华民族特性论》一文，12 月复被《宗圣学报》全文转载。他同样批评"五族共和"提法之不当，主张径直改用"中华民族"。他说："今之论中国民族者，咸称五族共和，此极不正确之论。"中华民族就包含着汉、满、蒙、回、藏、苗各族，而就汉族一族言，同样也包含着六族的血统。何必多此一举，而自划畛域，使国民多此一地域上的区分呢？"吾谓直称为中华民族共和已足，不必加五族名词也。"[①] 有学者考证，此文是申悦庐应李大钊等友人之邀而写的，说明彼此有过沟通，申实受李的影响，故在中华民族认同的问题上形成了共识。

值得注意的是，两年之后，即从 1919 年起，孙中山也开始转而倡导以"中华民族"的概念取代"五族共和"。他在《三民主义》一文中说："夫汉族光复，满清倾覆，

---

① 申悦庐：《中华民族特性论》，载《宗圣学报》，第 2 卷第 8 期，1917。

不过只达到民族主义之一消极目的而已，从此当努力猛进，以达民族主义之积极目的也。积极目的为何？即汉族当牺牲其血统、历史与夫自尊自大之名称，而与满、蒙、回、藏之人民相见于诚，合为一炉而冶之，以成一中华民族之新主义……"[①] 又说："现在说五族共和，实在这五族的名词很不切当。我们国内何止五族呢？我的意思，应该把我们中国所有各民族融成一个中华民族。"[②] 这里需指出两点：其一，孙中山也意识到了"五族共和"的提法不切当，还是"中华民族"的提法为宜；其二，他也强调，中国多民族的统一与大融合，体现的是一种"中华民族之新主义"，即在民族关系问题上的一种新精神与新境界，而非仅是称谓上的改易。孙中山后来的这些新见解，与上述李大钊的主张，根本精神是完全一致的，甚至连用语都相同。前者是否受到了后者的启发或影响，可不置论；重要

[①] 孙中山：《三民主义》，见《孙中山全集》第5卷，187页，北京，中华书局，1985。

[②] 孙中山：《在上海中国国民党本部会议的演说》，见《孙中山全集》第5卷，394页，北京，中华书局，1985。

的在于，李大钊第一个高揭"新中华民族主义"之大旗，实开创了近代国人从更加完整的意义上使用现代意义的"中华民族"概念之先河。李大钊强调多民族统一的中华民族在历史上的客观存在和在现实中觉醒的极端重要性，突出已然与应然的内在统一性，这在很大程度上，实开上述费孝通先生重要理论之先河。孙中山强调今是昨非，突出的是应然，容有差别，也是要看到的。

据前引英国学者所言，文化观念史不仅反映出特定时代的环境变动，也反映了人们对此种变动的总体认知与自觉把握。我们可以说，20世纪的前20年，"中华民族"的概念，由萌生到内涵渐次升华，确立为现代意义的全新概念，这是中华民族共同体意识最终实现由自在转向自觉的重要时期。1923年出版的《实验历史教科书》中的"中华民族的'竞争''混化'与'结合'"一节就明确指出，中华民族是在历史上形成的，它曾经历了各民族间的"竞争""混化"与"结合"的长期发展过程："现在言中华民族，都说是汉满蒙回藏五族"，实则，在古代种族界限虽清楚，故有竞争，但是，"后来因知识日进，竞争渐少。此族与彼族，更因种种关系渐混合或同化。现在各种族间，在名目上虽然尚有分别，实际上已无多少分别了"。[①]1931年出版的孟世杰编的《初级中学中国史》，更径直强调中华民族自古已结成伟大的团体："中国的人民，因为移殖地点不同，所以有汉、满、蒙、回、藏、苗六大族的区别。实则六大族同是中华民族，正如一家之有弟兄六人，从中国有史以来，即已结成伟大团体，有不可分离的关系。"[②] 这与上述 1913 年《中华中学历史教科书》的说法判然有别，超越了"五族共和"的提法，已然站立在现代意义的"中华民族"概念的角度上了。所以，李大钊与孙中山，这两位即将携手推动近代历史发生新的巨变的伟人，不约而同，先后发出了"新中华民族主义"的呼声，则是此种民族自觉在观念形态上集中而鲜明的标志。

---

① 卢秉征编：《实验历史教科书》第 3 册，北京，国立北京师范大学附属小学，1923。
② 孟世杰编：《初级中学中国史》上册，15~16 页，天津，百城书局，1931。

第二章

两次国共合作与近代中华民族共同体意识自觉的深化

从概念史出发，探究现代意义上的"中华民族"概念的生成，以之为中华民族共同体意识自觉的标志，自有其合理性；但民族自觉是历史的概念，其内在自我发现与外在自我追求相统一，它不仅是一个历史的过程，也是一个深化的过程，故还需从概念生成后的历史实践中，去理解和把握近代中华民族共同体意识的自觉。1919 年年底，隐青即指出，"民族自决"须以"民族自觉"为前提，"民族自觉"体现为"一民族间同类意识之感通，而终之以历史的关系焉"："盖外受强敌之压迫，内感生活之困难，乃生共同防卫共同生活等。"① 这就是说，"民族自觉"最终呈现为共同反抗内外压迫的历史实践，才能真正达到"民族自决"的目的。耐人寻味的是，五四前后，"解放"一词十分流行。1920 年 1 月，即离隐青发表上文仅半个月，陈独秀在《新青年》第 7 卷第 2 号上发表《解放》一文，为之作出界定说："解放就是压制底反面，也就是自由底别名。""解放"重在"自动"，而非"被动"，"个人主观上有了觉悟，自己从种种束缚的不正当的思想、习惯、迷信中解放出来，不受束缚，不甘压制，要求客观上的解放"。"自动的解放，正是解放底第一义。""我们生在这解放时代，大家只有努力在实际的解放运动上做工夫，不要多在名词上说空话！……离开实际运动，口头上的名词无论说得如何好听，如何彻底，试问有什么用处？"② 不难看出，上述二人的观点是相通的。陈独秀说，"个人

---

① 隐青：《民族精神》，载《东方杂志》，第 16 卷第 12 号，1919。
② 陈独秀：《解放》，见《陈独秀文章选编》上册，478 页，北京，生活·读书·新知三联书店，1984。

主观上有了觉悟"还不够，重要的是要主动地采取实际步骤，努力去做"实际的解放运动"。这不就是隐青所谓"民族自觉"须回到现实的历史场景，为反抗内外压迫进行"共同防卫共同生活"的斗争，才是其真意，也才能最终达到"民族自决"的目的吗？所以，"自觉"与"解放"，意涵相通，互为表里，但后者更具直接行动的强烈意味。故不妨这样说：主体自觉的深化即走向追求自身的解放；易言之，自觉既是主观上的觉悟，又体现为主动追求解放的革命实践。陈、隐二人的观点，与五四后中国思想界由主张思想文化启蒙转向主张社会革命的时代趋向是一致的。这提示我们，讨论近代中华民族共同体意识自觉的演进，不能仅满足于概念的演化而脱离了这个历史大趋势。

1937 年，毛泽东于第二次国共合作告成之际说道："中国的革命，自从一九二四年开始，就由国共两党的情况起着决定的作用。"[1] 这自是精辟的论断，此言涵盖面其

---

[1]　毛泽东：《国共合作成立后的迫切任务》，见《毛泽东选集》第 2 卷，364 页，北京，人民出版社，1991。

实可以延展到 1949 年新民主主义革命的最终胜利。所以，1944 年他又说：“外国仍然有许多人不十分明白，过去二十三年的中国政治进程中的关键问题，一直是国共两党的关系问题。将来依然如此。”①据此，可以引出以下认知：以两次国共合作为契机，高揭“中华民族伟大解放”旗帜的国民革命的兴起与抗日民族统一战线的建立，以及“中华民族是整个的”共同体的坚定民族信念的提出，成为五四后约 20 年间近代中华民族共同体意识自觉走向深化的重要标志。

一、“中华民族伟大解放”与第一次国共合作

1912 年年初，孙中山就任中华民国临时大总统，宣布“五族共和”与国内各民族平等、统一的国策，无疑是近代中华民族迈向自觉过程中具有里程碑意义的重要一

---

① 毛泽东：《同英国记者斯坦因的谈话》，见《毛泽东文集》第 3 卷，192 页，北京，人民出版社，1996。

步。然而，到了 1919 年，他却接连发表指斥"五族共和"的言论，以为其乃无知妄言，危害了革命："更有无知妄作者，于革命成功之初，创为汉、满、蒙、回、藏五族共和之说，而官僚从而附和之；且以清朝之一品武官之五色旗，为我中华民国之国旗，以为五色者，代表汉、满、蒙、回、藏也；……予争之不已，而参议院乃以青天白日旗为海军旗。""呜呼！此民国成立以来，所以长在四分五裂之中"，"此无怪清帝之专制可以推覆，而清朝武人之专制难以灭绝也。天意乎？人事乎？"①在另一处，又说："今则满族虽去，而中华民国国家，尚不免成为半独立国，所谓五族共和者，直欺人之语！"②孙中山的愤慨，既包含合理性的成分，也包含非理性的情绪。1911 年 3 月，即武昌起义前夕，革命党人刘揆一等发表《提倡汉满蒙回藏民党会意见书》，主张为巩固边疆，抵御外敌，"五族"的"民

---

① 孙中山：《三民主义》，见《孙中山全集》第 5 卷，187 页，北京，中华书局，1985。
② 孙中山：《在桂林对滇赣粤军的演说》，见《孙中山全集》第 6 卷，24 页，北京，中华书局，1985。

党"应联合起来，共同"倾倒政府而建设共和国家"。[①] 这里已包含"五族共和"的雏形。但问题在于，他们提议的具体组成"共和政府"的人选，有袁世凯、孙中山、杨度、梁启超、良弼等七人，明显包括了革命派、立宪派与旧官僚，甚至还有清室亲贵代表在内，且将袁世凯排在孙中山之前，新旧妥协的色彩鲜明。后因武昌起义突然爆发，刘揆一诸人的计划未能实现。但南京临时政府成立后，经南北谈判，孙中山终被迫将政权让与袁世凯，其间妥协的路径一脉相承，显而易见。更缘此，清政府专制虽去，却生出了无数军阀专制，民国徒具虚名。孙中山在屡经竭蹶之后，省思既往，怒斥诸人"无知妄作"，为祸实深，这是对的。但"五族共和"终被立为国策，体现了立宪派的大民族主义思想与革命派共和主张的结合，却不失为一种创意，近代中华民族缘此迈出了走向自觉的重要一步。孙中山说"所谓五族共和者，直欺人之语"，不免失之简单化，

① 刘揆一：《提倡汉满蒙回藏民党会意见书》，见章开沅等主编：《辛亥革命史资料新编》第6册，239页，武汉，湖北人民出版社，2006。

犹如倒洗澡水连同盆里的小孩一起倒掉，是非理性的。

　　需要指出的是，孙中山的此种偏激实反映了"二次革命"后其屡奋屡挫的无助感与心中的困窘。"二次革命失败之后，几乎一般社会都认革命是作乱，民党是乱党。"[①]1918年护法运动失败，孙中山被西南军阀排挤出广东。翌年，他虽将中华革命党改名为中国国民党，但依然未能找到正确的革命道路。1920年年底，他重返广州，发动第二次护法运动，很快复因陈炯明叛变再告失败，并于1922年退居上海，陷入了更为无助与困窘的状态。众所周知，中国共产党此时向孙中山伸出了援助之手，帮助他走上了"以俄为师"的道路，并借国共合作发动国民革命，其晚年因之柳暗花明，革命事业展现了全新的境界。这方面已有很多研究成果，但从近代中华民族共同体意识自觉的视角切入，依然可以引出新想。

　　如前所述，民国初肇，孙中山作为中华民国临时大总

① 瞿秋白：《五四纪念与民族革命运动》，见《瞿秋白文集·政治理论编》第3卷，155页，北京，人民出版社，1989。

统宣布"五族共和"的国策，固然有其重要意义，但未能采用时已流行、极具创意与历史张力的"中华民族"一词，却不能不说是一败笔。因为道理很显然：五族并不足以涵盖中国各民族，何以要画地自限呢？而且，此种表述与中华民国主张各民族一律平等的"民族之统一"的国策也缺乏自洽。民初"中华民族"一词有时仍与"五族共和"并用，但它仅是后者的附庸，并不具有独立的现代意义。第一个指出"五族共和"提法之不妥，并对"中华民族"一词作了现代意义的完整阐释的代表性人物是李大钊。1917年2月，他在《甲寅》上发表《新中华民族主义》一文，尖锐批评"五族共和"的提法不当，以为在中国久远的历史上，各民族文化早已融为一体，"中华民族"作为一种民族共同体不仅客观存在，而且其本身更代表着中华"高远博大"的"主义"，即"新中华民族主义"。故青年人的使命不是"五族共和"，而是弘扬光大民族精神，追求中华民族的伟大复兴。李大钊此文的发表，是中华民族实现由自在转变为自觉的标志。[①] 值得注意的是，此文发表后不久，十月革命爆发，李大钊受其影响，很快信仰了马克思主义，其"新中华民族主义"也因与中国革命道路的选择这一根本性问题相联系而愈趋深化。其革命思想的演进包含这样的轨迹：从社会改造需先形成改革"重心"的认知出发，受俄国革命影响，首倡建立中国共产党以为领导中国革命的重心所在；进而接受列宁关于民族与殖民地的理论指导，复将原有的中国共产党"重心"说推向深化，极力支持共产国际代表马林提出的由国共合作推动国民革命的战略，这也成为中国共产党党内最终促成国共合作最重要的推动力。[②] 与此相辅而行，其"新中华民族主义"的理想与实践，自然又与国共合作及国民革命融为一体。故他在《狱中自述》中这样说：时代不同了，"今日谋中国民族之解放"，不能再走日本维新道路，采用资本主义制

①   参见拙文《中华民族实现由自在转向自觉的鲜明标志——论李大钊的〈新中华民族主义〉》，载《史学史研究》，2020（4）。
②   参见拙文《重建社会"中心势力"说与国共的两度合作》，载《近代史研究》，2022（6）。

度，而当"采用一种新政策"，即对外联合一切平等待我之民族，对内唤起民众，"共同团结于一个挽救全民族之政治纲领之下"，以抵抗列强，"而达到建立一恢复民族自主"与主权独立的现代国家的目的，"因此，我乃决心加入中国国民党"。[①] 这就是说，国共合作的国民革命乃是实现中华民族解放的应有之义与唯一正确的革命道路。1924年，他在共产国际会议上报告说，"孙中山和国民党的左翼决定根据我们的建议改组这个党"，故国民党一大后，"民族运动进入新阶段"[②]，同样是将国共合作视为中华民族解放运动进入新阶段的根本标志。李大钊明知"中华民族现在所逢的史路，是一段崎岖险阻的道路"，但他心中充满豪迈之情，相信国民革命沿途景致壮美奇绝，在艰难的国运中创造新的国家与新的中华民族，"亦是人生最有

---

① 李大钊：《狱中自述》，见《李大钊文集》下册，890 页，北京，人民出版社，1984。
② 李大钊：《在共产国际第五次代表大会第二十二次会议上的报告》，见《李大钊文集》下册，779 页，北京，人民出版社，1984。

趣味的事"。①

　　耐人寻味的是，倡导"新中华民族主义"是李大钊与孙中山心中共同的情结，两人更缘此相知相惜，成为联手最终促成国共合作与国民革命的历史巨人。上述孙中山批评"五族共和"的说法虽存偏激，但他同时提出民族主义非仅消极地推翻清朝专制，更要积极去实现中华民族的团结，将自己的认知又推进了一步，仍不失其睿智。他说："积极目的为何？即汉族当牺牲其血统、历史与夫自尊自大之名称，而与满、蒙、回、藏之人民相见于诚，合为一炉而冶之，以成一中华民族之新主义……"②又说："现在说五族共和，实在这五族的名词很不切当。我们国内何止五族呢？我的意思，应该把我们中国所有各民族融成一个中华民族。"③孙中山也意识到了"五族共和"的提法不妥，

①　李大钊：《艰难的国运与雄健的国民》，见《李大钊文集》下册，691～692页，北京，人民出版社，1984。
②　孙中山：《三民主义》，见《孙中山全集》第5卷，187页，北京，中华书局，1985。
③　孙中山：《在上海中国国民党本部会议的演说》，见《孙中山全集》第5卷，394页，北京，中华书局，1985。

还是改用"中华民族"的概念为是；同时，他也强调，中国多民族的统一与大融合，体现的是一种"中华民族之新主义"，即在民族关系问题上的一种新精神与新境界，而非仅是称谓上的改易。这些新见解与上述李大钊"新中华民族主义"的主张，根本精神是一致的，甚至连用语都相同。据宋庆龄回忆，1919 年孙中山与李大钊便有了接触，"孙中山特别钦佩和尊敬李大钊，我们总是欢迎他到我们家来"①。孙中山的新见解或者受到了李大钊观点的启发和影响，也非不可想象的事。西湖会议后，李大钊亲赴上海与孙中山会晤，商谈国共合作。他在《狱中自述》中回忆说，"讨论振兴国民党以振兴中国之问题"，数次长谈，"几乎忘食"。②接着，孙亲自主盟，介绍他加入了国民党。这里所谓"讨论振兴国民党以振兴中国之问题"，其核心主

---

① 宋庆龄：《孙中山和他同中国共产党的合作》，载《人民日报》，1962-11-12，转引自《李大钊传》编写组编：《李大钊传》，152～153 页，北京，人民出版社，1979。

② 李大钊：《狱中自述》，见《李大钊文集》下册，890 页，北京，人民出版社，1984。

题就是"共同团结于一个挽救全民族之政治纲领之下"，即通过国共合作与国民革命，推动中华民族的解放事业。

所以，在国民党一大的会上，孙中山重新解释了自己的民族主义，将之归结为两个方面："一则中国民族自求解放；二则中国境内各民族一律平等。"他说，民国建立本当实现民族平等，但因军阀专制与列强压迫依旧，国民党的民族主义未能实现。"故今后国民党为求民族主义之贯彻，当得国内诸民族之谅解，时时晓示其在中国国民革命运动中之共同利益。今国民党在宣传主义之时，正欲积集其势力，自当随国内革命势力之伸张，而渐与诸民族为有组织的联络，及讲求种种具体的解决民族问题之方法矣。国民党敢郑重宣言，承认中国以内各民族之自决权，于反对帝国主义及军阀之革命获得胜利以后，当组织自由统一的（各民族自由联合的）中华民国。"[①] 孙中山强调，各族人民要团结起来，在反帝反军阀的"中国国民革命运动"

① 孙中山：《中国国民党第一次全国代表大会宣言》，见《孙中山全集》第9卷，119页，北京，中华书局，1986。

中实现"共同利益"，并具体解决现存的种种民族问题；也只有在反帝反军阀的革命取得胜利之后，真正由各民族平等自由联合组成的中华民国才可能建立起来。不难看出，与 1912 年作为中华民国临时大总统时发布的宣言相较，孙中山对于中华民族问题的自觉，相去已不可以道里计。故李大钊评论说，孙中山的民族主义于晚清限于满汉民族，于民初限于五族一家，而现在则是将之与反帝反军阀的革命斗争相联系，将中华民族的求解放视为全世界被压迫民族解放事业的组成部分。他强调，"国民党的民族主义经了这番新解释，其意义也更新而切当了"；尤其是其中所显示的，"我们中华民族应对世界民族加入阶级战争的准备，这也是我们要特别注重的"。李大钊以为，孙中山的新见解及其推动国共合作的实现，预示着中华民族走向复兴的"时机""到了"，"只看我们是怎么的奋斗和如何的努力！"①

---

① 李大钊：《人种问题》，见《李大钊文集》下册，772 页，北京，人民出版社，1984。

争取中国民族解放的"新中华民族主义",是国共两党的共同奋斗目标。1922 年中共二大的宣言说,中国共产党引导工人贫农与小资产阶级谋求建立革命联合战线,其奋斗目标就是要"推翻国际帝国主义的压迫,达到中华民族完全独立"①。1923 年,中国共产党机关报《向导》在《本报宣言》中也指出,军阀与帝国主义内外勾结是"钳制我们中华民族不能自由发展"的最大障碍,"因此我中华民族为被压迫的民族自卫计,势不得不起来反抗国际帝国主义的侵略,努力把中国造成一个完全的真正独立的国家"②。国民党机关报《广州民国日报》也刊文说:"在帝国主义者和军阀两重压迫之下的中华民族,时到今日,不特弄到一般民众毫无生气,奄奄一息,而且简直就要到国亡种灭,同归于尽的地步。这是怎样的可哀可痛的事呵!"孙中山看到了这一切,告诉我们"欲求中国之自由平等,

①　《中国共产党第二次全国大会宣言》,见中央档案馆编:《中共中央文件选集》第 1 册,115 页,北京,中共中央党校出版社,1991。
②　《本报宣言》,载《向导》,第 1 期,1922。

唯一的办法，就要实行打倒帝国主义和打倒军阀的工作，就非实行国民革命不可"，不平等条约不废除，列强、军阀不打倒，"中华民族一日不能解放"。[①] 国共第一次合作期间，毛泽东曾任国民党中央代理宣传部长，并负责主编国民党中央机关刊物《政治周报》。他在为该刊撰写的发刊词中提出的刊物根本宗旨，自然是代表了两党的共识："为什么出版《政治周报》？为了革命。为什么要革命？为了使中华民族得到解放，为了实现人民的统治，为了使人民得到经济的幸福。"[②] 特别值得注意的是，据《申报》报道，1924年11月17日孙中山北上行抵上海黄浦码头时，各界欢迎者数千人，振臂高呼"中华民族解放万岁！"等口号。[③] 这不仅说明国共合作及其领导的国民革命受到了社会各界的广泛支持，而且说明中华民族共同体意识的觉醒已然与中国革命道路的选择相联系，并同样成为社会的

---

① 童实藩：《国民会议与中国》，载《广州民国日报》，1926-02-23，第4版。
② 毛泽东：《〈政治周报〉发刊理由》，见《毛泽东文集》第1卷，21页，北京，人民出版社，1993。
③ 《孙中山抵沪纪》，载《申报》，1924-11-18，第9版。

共识。

　　不仅如此，海外中国人对此的认同，同样具有标志性的意义。例如，中华留日各界发起组织北伐后援会，其宣言说"国民革命大伟业，乃我中华民族共同责任，无可旁贷，无可因循者也"[1]，显然就是将国民革命视为争取中华民族解放的伟大事业，故愿投身其间。至于被日本割占了30多年的台湾岛内的许多革命志士，受国共合作与国民革命鼓舞，不忘自己是中华民族的子孙，努力奋起，无疑更具深意。早在1924年李大钊就曾提醒人们，不要忘了尚在日本统治下的台湾人民，"不失为中华民族"[2]。也正是在国民革命期间，在广州兴起了台湾民族革命运动。先是"台湾学生联合会"成立，后又组织起"广东台湾革命青年团"，在南京也有"中台同志会"等组织。他们还创办了刊物《台湾先锋》。其时台湾革命志士与国共双方均

---

[1]　《中华留日各界北伐后援会宣言》，载《广州民国日报》，1926-10-07，第4版。
[2]　李大钊：《人种问题》，见《李大钊文集》下册，766页，北京，人民出版社，1984。

有联系。据当事人李友邦回忆，1924年他即入黄埔军校，"从总理及廖仲凯（恺）诸先生那里，学习民族解放的理论与实践。伟大的反帝反封建军阀的革命高潮底前影，激发着我转向自身民族解放的途径上去。那时，我已警觉到：台湾民族革命的推动工作，再不能一刻延缓了"①。他们的以下言论启人深思：

"台湾的民族革命运动是中华民族的最光辉灿烂的革命运动！"当下的台湾革命者属于"中华民族勇军"，"到去民间革命，组织台湾四百万的中华民族勇军反抗日本帝国主义的大本营"。②

"我台湾的中华民族"受日本帝国主义摧残，"全国的同胞们！切望诸位一致援助我们，共同打倒日本帝国主义，取消马关条约，废除一切不平等条约，收回

---

① 《与正报记者马疏先生谈话》，见李友邦：《瓦解敌伪军工作概论·附录》，21～22页，丽水，新力周刊社，1938。
② 反逆儿：《台湾农工商学联合起来！》，载《台湾先锋》，创刊号，1927。

台湾！"①

　　"中国国民革命诸同志应该把解放台湾同胞，视为我们自己的天职。因为台湾同胞得不到解放，中国国民革命算不得成功，同时我又希望台湾同胞了解中国国民革命不成功，台湾同胞不能得到解放。……（我们）毅然决然的，来投到祖国的革命党——中国国民党旗帜之下，共同奋斗，以打倒帝国主义而实现弱小民族解放的鹄的。"②

　　"台湾的运命是包括在中国整个的运命之中的，中国革命如不完成，台湾革命万不会单独成功，双方的革命是要一齐向前推进，要有一致的步骤的。"③

　　台湾志士之要求与大陆同胞携手革命，争取台湾回归祖国，实现国家与民族的统一，从一个侧面有力

① 《反对日本压迫台湾学生罢课宣言》，载《民国日报》，1927-06-13，转引自《在广东发动的台湾革命运动史略·狱中记》，见《张深切全集》卷4，108页，台北，文经出版社，1998。
② 方鼎英：《台湾革命与中国国民革命》，载《台湾先锋》，创刊号，1927。
③ 陈日新：《台湾同志如何参加革命？》，载《台湾先锋》，创刊号，1927。

地反映出国民革命体现了近代中华民族共同体意识自觉之深化。

由上可知，国共合作推动国民革命，以争取中华民族的共同解放，业已成为社会共识。也唯其如此，20 世纪 20 年代后，民国以来国人耳熟能详的两个重要概念的使用发生了明显改变。一是清末民初曾风行一时的"民族建国"一词很快淡出，而为"中华民族伟大解放万岁"的普遍性口号所取代。二是民初"五族共和"是流行语，"中华民族"一词虽然并行，但仅为前者附庸，在 1917 年李大钊提出"新中华民族主义"前，并不具有真正现代的意义。然而，在国共合作之后，情况发生了逆转，现代意义上的"中华民族"一词广泛流行，而"五族共和"一词却开始淡出，偶有用之，也反为前者附庸，其迄今早已走入历史，良有以也。只需看看在作为国民革命开端的五卅运动中，各种党派社团以及个人发表的多样化宣言、文告、文章中，不仅都通用"中华民族"，且最后多以"中华民族解放万岁！”的口号结束，就不难理解这一点。^①“文化观念的历史是我们在思想和感觉上对我们共同生活的环境的变迁所作出的反应的记录。”^②从概念史来看，名为实之归，上述变动既从观念形态上反映了国共合作后中国社会的变动，也反映了近代中华民族共同体意识的自觉进一步走向了深化。故当时英国历史学家威尔斯惊叹中国民族业已觉醒：“中国迅速的以发展其自觉之威力，要求与欧美人以对等之地位发言，在广大之国基上，以表现一活的中国民族于世界矣。”《益世报》主笔旨微在社评中引述了威尔斯的话后，评论说：这不是指一般物质力的发展，而是指中国民族思想“已不沾滞于所受束缚的阶段，而能了然于现代社会的事实之适应之趋向。故以其自觉为可惊，

① 例如，《湖南省第一次农民代表大会宣言》（1926年12月，见中央档案馆编：《中共中央文件选集》第2册，683页，北京，中共中央党校出版社，1991）、童实藩《国民会议与中国》（载《广州民国日报》，1926-02-23，第4版），都以“中华民族解放万岁！”作结。

② ［英］雷蒙德·威廉斯著，吴松江、张文定译：《文化与社会》，375页，北京，北京大学出版社，1991。

此一般政治当局者所不可不注意者耳"。① 威尔斯所谓中国民族"活"了，欲与欧美争平等地位，以自立于世界民族之林，旨微所谓中国民族思想已得解放，在明白了现实的被压迫民族地位后，开始迈向新时期，"故以其自觉为可惊"，归根结底，皆是缘于看到了国人将"中华民族伟大解放万岁！"的口号，第一次写在了国共合作领导的国民革命的大旗上。它标志着中华民族共同体意识的日益自觉，由此引起了人们的震撼与反思。

二、"来报我们中华民族的公仇"：国共再度合作

四一二政变后，国共分裂，国民革命半途而废，既定的反帝反军阀的目标未能实现。从这个意义上说，它是失败了。但是，也要看到，国民革命终究改变了中国的政治格局，对此后近代历史的发展进程产生了深远的影响。其

---

① 旨微：《社会的过程与中国》，载《益世报》，1927-04-11，第 3 版。

一，结束了北洋军阀的统治，南北归于统一。国民政府的统一虽属表面，内争依旧，但它毕竟标志着一盘散沙似的中国，终究有了一个相对的国家重心。这有利于社会、经济的发展。其二，中国共产党虽受重创，但却浴火重生。她起而武装反抗，转向农村实行土地革命，并找到了正确的革命方向，使自己的力量逐渐壮大起来，不仅成了制约国民党独裁的重要力量，而且承载起民族的真正希望。黄仁宇从他的"大历史观"出发，认为国共两党各有创获，国民党改造了社会上层，中国共产党改造了农村即社会下层，中国社会结构因之得到整体性优化。[①] 其言虽不确当，但他肯定了国民革命对中国社会发展的积极意义，却有自己的合理性。当然，这是从积极方面看，若从消极方面看，国民党建立独裁政权，不断发动内战，尤其是全力"剿共"，给日本帝国主义创造了发动侵华战争的机会。九一八事变后，国难临头，确使中华民族陷入了空前的亡

---

① ［美］黄仁宇：《从大历史的角度读蒋介石日记》，7页，北京，中国社会科学出版社，1998。

国灭种危机。

历史发展是辩证的统一。祸福相倚，坏事在一定条件下也会向好的方面发展。国民党专制独裁，引发国难，是祸；但同时，缘于"中华民族到了最危险的时刻"的刺激，中华民族共同体意识从来没有像现在这样更加鲜明和得到了强化——要求国共重新走向合作，以建立抗日民族统一战线，成了全社会的强烈诉求。"兄弟阋于墙外御其侮"，中华文化古老而深沉的智慧之光，点亮了每一位爱国者心头的灯。日本侵略者没料到，自己充当了反面教员，使中国撕裂的社会与政党，得以在民族大义下重新团结起来，创造了新的机遇——民族再造的机遇。

中华民族抓住了这个机遇，但经历了一个艰难曲折的过程。中国共产党是率先高揭民族大义大旗，并身体力行，号召建立全国抗日民族统一战线的领导力量。1935年8月1日，尚在长征途中的中国共产党便发表了著名的《为抗日救国告全体同胞书》，即《八一宣言》，明确提出："我国家我民族已处在千钧一发的生死关头。抗日则生，不抗日则死，抗日救国，已成为每个同胞的神圣天职！""大家都应当有'兄弟阋墙外御其侮'的真诚觉悟"，应立即停止内战。中国共产党愿捐弃前嫌，与包括国民党在内的一切抗日力量携手，共同建立抗日救国民族统一战线。同时，声明实行各民族一律平等政策，号召各民族同胞团结起来，为国家独立与民族复兴而战。其最后的口号是："大中华民族抗日救国大团结万岁！"① 中国共产党反复强调，必须"把中华民族的利益看作高于一切"②，为此宣布将"苏维埃工农共和国"改名为"苏维埃人民共和国"，以明确自己的政策"不但是代表工人农民的，而且是代表中华民族的"③。但是，国民党却顽固坚持"攘外必先安内"

① 《为抗日救国告全体同胞书（八一宣言）》，见《中共党史教学参考资料》第2册，28、30、33页，北京，人民出版社，1957。
② 《国民党三中全会后我们的任务——中央宣传部宣传大纲》，见中央档案馆编：《中共中央文件选集》第11册，173页，北京，中共中央党校出版社，1991。
③ 《中央关于目前政治形势与党的任务决议（瓦窑堡会议）》，见中央档案馆编：《中共中央文件选集》第10册，610页，北京，中共中央党校出版社，1991。

的政策，强调"'剿匪'胜利，是中国民族复兴的起点"。[①]
先是在 1932 年召开的国难会议上，国民党不顾民意，坚
持将"剿共"列为大会的三大议题之一。随后蒋介石在南
昌发表演讲，发出警告说："有在此剿共严重时期，而主
张抗日，应该严（肃）处置。"这引起舆论不满，汪精卫
为之狡辩："剿共即抗日，不剿共即等于不抗日"，"竟有
些人主张应该移剿共之师以抗日"，"此无异为虎作伥"[②]，
同样杀气腾腾。

但是，民意终不可违，中国共产党的主张得到各界的
广泛响应。1935 年年底，主张"停止内战，一致对外"
的"一二·九"学生运动在北平爆发并席卷全国，反映了
社会心理的转向，即由原先因"投鼠忌器"而对消极抗战
的国民党政府表示容忍，转向形成了一个普遍共识：政府
是否值得拥护，取决于它是否能负起救国的责任——"政

---

① 《中央局关于目前形势与我们的任务的提纲》，见中央档案馆编：《中共中央
  文件选集》第 10 册，427 页，北京，中共中央党校出版社，1991。
② 《汪精卫昨晚返京》，载《申报》，1933-04-18，第 2 张第 7 版。

府必须负责领导救国。其最后同情拥护政府与否尤视此焉"。[①]次年1月，沈钧儒、章乃器等成立了上海各界救国联合会，5月复扩充成立了全国各界救国联合会（二者以下均称"救国会"），代表全国18个省市的60多个救国团体。继学生运动之后，救国会成了民间推动抗日救国运动高涨的一面旗帜，将时局推进到了一个新阶段。他们大声疾呼、奔走呼号，其主张最能鲜明地反映出中华民族共同体意识的高扬，集中表现有二。

其一，强调中华民族是生命的共同体，荣辱与共，四万万同胞当团结一致，奋起抗战自救。其时，"中华民族到了最后的生死关头"一句，成了各社团发表声明、宣言、文告及私家撰文时的流行语，意在唤醒国人对于身在其中的中华民族共同体的危机意识与救亡图存、荣辱与共的责任感、使命感。早在1934年9月，由宋庆龄、何香凝牵头的中华民族武装自卫委员会筹备会发表《中国人

①　《政府与国民心理》，载《大公报》，1936-07-13，第2版。

民对日作战的基本纲领》，共有 1779 人签名，其中说道：
"现在全中国的民众，不管是汉人或是其他民族（蒙古，
回族，满洲，西藏，苗猺〔瑶〕等等），都处在一个非常
危险的生死的关头，他们都有受日本帝国主义轰炸，枪
毙，斫杀，拷打，强奸，污辱的危险。他们都要更加受
冻，受饿，受穷，失业。……他们将要受到和在东三省
三千万兄弟姊妹，热河与华北千百万兄弟姊妹同样的牛马
生活的痛苦！""中国人民只有自己起来救自己！中国人
民唯一自救和救国的方法，就是大家起来武装驱逐日本
帝国主义，就是中华民族武装自卫——换言之，就是中国
人民自动对日作战，已经成为绝大多数中国人所公认为唯
一的正当的方法了。"① 这是着眼于中华民族各族人民同生
死、共命运，号召各族人民奋起团结抗日。上海作协的成
立宣言，则是着眼于作家个人的命运不可能脱离中华民族
集体的命运而独存，得出了同样的结论。其中写道："所

---

① 《中国人民对日作战的基本纲领》，见中央档案馆编：《中共中央文件选集》
　　第 10 册，681、682 页，北京，中共中央党校出版社，1991。

谓集体的生存，狭义的是全体著作人的生存，广义的就是整个中华民族的生存"，"因我们著作人的小集体的生命是寄托在中华民族的大集体的生命上"，"中华民族已显然是到了最后的生死关头，已显然是剥夺了每个中国民众的生存条件"，"每个中国人，为了要争取他们的生存，为了不甘做日本帝国主义的奴隶，都应该团结起来，联合起来，建立和运用集体的力量来粉碎敌人的侵略压迫，来挽救整个民族的最后危机"。①《益世报》的社评更大声疾呼，抗战是中华民族共存亡的唯一出路：日本侵华就是对"整个中华民族的挑战！中华民族只有同生死，共存亡的一条路！并且我们的一条路是：应战！应战！"②病重的鲁迅仍接受记者采访，并对"一二·九"运动以来中华民族表现出的整体觉醒深表欣慰，他说："民族危机的深重，中华民族中大多数不愿做奴隶的人们，已经醒觉的奋起，挥舞

① 《上海著作人协会成立宣言》，见周天度、孙彩霞编：《救国会史料集》，158 页，北京，中央编译出版社，2006。
② 《应战！应战！》，载《益世报》，1937-07-27，第 4 版。

着万众的铁拳，来摧残敌人所给予我们这半殖民地的枷锁了！"①足见中华民族作为生命共同体，"只有同生死，共存亡的一条路"，已经成为国人的普遍共识。

其二，要求停止内战，一致对外，促成国共再度合作，以建立抗日民族统一战线。章乃器在《四年间的清算》中说，几年来，国民党政府在"'前方军事剿匪，后方文化剿匪'的政策之下，杀戮了多少的勇敢有为的英俊青年！毁灭了多少的田园庐舍！消耗了多少的枪械弹药！到了今日，外无以攘，内未得安"。他希望当局有勇气立即"纠正自己的错误"，"马上停止'剿匪'"，"由误国而变为救国"，承担起抗敌救亡的责任。②上海妇女救国会在《把枪口一致对外》中也指出，"中国人民再不愿听到先安内后攘外的鬼话来继续内战，再不愿看见'敦睦邦交''合作亲善'，来奔走出卖国家和人民"，要求停止内战，"立即

---

① 芬君：《前进思想家鲁迅访问记》，见周天度、孙彩霞编：《救国会史料集》，137页，北京，中央编译出版社，2006。
② 章乃器：《四年间的清算》，见周天度、孙彩霞编：《救国会史料集》，36、33页，北京，中央编译出版社，2006。

发动整个民族的抗日战争"。全欧华侨抗日救国联合会成立大会发表的宣言也大声疾呼："我们伟大的中华民族一定能够驱逐日寇出境，收复失地，复兴中华！我们深信：全国人民，无论什么党派，什么阶级，什么信仰，什么职业，都有一个共同救亡的目标。"宣言最后的口号是："中华民族团结万岁！抗日救国胜利万岁！中华民族解放万岁！"①救国会更进了一步，明确主张国民党要反省过去，主动促成国共再次合作，建立抗日民族统一战线。沈钧儒等人在《团结御侮的几个基本条件与最低要求》中说："国共两党，在九年以前不是手携手，为着打倒北洋军阀为着打倒帝国主义而共同奋斗吗？我们不明白目前在共同的民族敌人的威胁之下，这已经分裂了的两党，为什么竟不能破镜重圆。""希望国民党反省一下，共产党员究竟也还是中国人。我们更希望每个国民党员都明白，对共产党的仇恨，不论大到怎样，总不会比对日本帝国主义的仇恨

---

① 《全欧华侨抗日救国联合会成立大会宣言》，见周天度、孙彩霞编：《救国会史料集》，230、231 页，北京，中央编译出版社，2006。

更大罢。"他们特别提醒国民党，"现在共产党已经提出了联合抗日的主张，国民党却并没有表示"，这将失去民心，于己不利。同时，他们也希望中国共产党在发表《八一宣言》后，能进一步采取和解政策，促进国共合作。[①] 其时中共中央驻共产国际代表团的机关报——巴黎《救国时报》刊文指出，救国会关于国共再度合作的倡议，尤其是一剂抗日救亡的苦口良药，并说："不抵抗无以救亡，不缔结联合战线无以抵抗，不争取国共合作，无以形成联合战线。四位先生不辞大声疾呼，正给了我们以良好的示范，就是我们要以集锐攻坚的态度，来争取国共合作的实现。"[②] 这说明，救国会的基本立场与主张不仅与中国共产党相一致，而且实较后者径直出面宣传具有更佳的社会效果。更让人感动的是，沈钧儒诸人的长文是这样结尾的："最后，我们特地向贤明的当局，贤明的政党领

---

① 沈钧儒等：《团结御侮的几个基本条件与最低要求》，见中国社会科学院现代史研究室编：《西安事变资料》第 1 辑，96 页，北京，人民出版社，1980。

② 《良药》，载《救国时报》，1936-08-30，见周天度、孙彩霞：《救国会史》，43～44 页，北京，群言出版社，2008。

袖，以及一切爱国同胞，背诵曹子建诗：'煮豆燃豆萁，豆在釜中泣。本是同根生，相煎何太急！'中华民族解放万岁！中华民国万岁！"①可谓苦口婆心，循循善诱！很显然，国共合作以建立抗日民族统一战线，同样已成为国人的普遍诉求！

名记者范长江高度评价救国会的主张得到了各阶层的一致拥护，推动了全国抗日救国运动的高涨。他说，总之，"全国人心趋向很显然了！再要违背人心，局面不会安定了！"②果然，1936年年底国民党下令逮捕沈钧儒诸人，使国人联合抗日的要求更趋激化。"七君子事件"是激成西安事变的一个客观因素，而中国共产党力主西安事变的和平解决，则最终促成了国共的第二次合作。张学良发动西安事变后致毛泽东的电报说："蒋之反革命面目已毕现，吾为中华民族及抗日前途利益计，不顾一切"，

①　沈钧儒等：《团结御侮的几个基本条件与最低要求》，见中国社会科学院现代史研究室编：《西安事变资料》第1辑，99页，北京，人民出版社，1980。

②　范长江：《祖国十年》，见范长江著，沈谱编：《范长江新闻文集》下卷，918、921页，北京，新华出版社，2001。

已将蒋介石及其重要将领扣留，"迫其释放爱国分子，改组联合政府"。① 这说明，中华民族的整体利益高于一切——人同此心，心同此理；顺之者昌，逆之者亡。

要理解这一点，不应轻忽其时抗战歌曲兴起，对于培育中华民族共同体意识和形成强大的社会舆论，发挥了无可替代的巨大作用。据统计，从1931年九一八事变到1937年七七事变前后，大后方流行的抗战救亡歌曲约有252首，加上延安等抗日根据地和东北抗日联军中流行的歌曲，共744首（有人说整个抗战时期抗战歌曲总共有3000首）。② 冼星海等于1937年编选并于次年出版的《抗战歌曲集》，共收91首，其中包括以下人们耳熟能详的著名抗战歌曲：《义勇军进行曲》《流民三千万》《救国进行曲》《抗战进行曲》《抗敌先锋歌》《打回老家去》《中华民族不会亡》等。与此相应，民众抗战歌咏活动也

① 张学良：《致毛泽东周恩来电》，见《张学良文集》下卷，441页，香港，同泽出版社，1996。
② 参见向延生：《李抱忱与英文版〈中国抗战歌曲集〉》，载《中央音乐学院学报》，2007（4）。

随之兴起，上海等地陆续成立了"民众歌咏会""业余合唱团"等群众歌咏团体。"一二·九"学生爱国运动使得群众歌咏活动传播得更为广泛。1935年夏，由燕京大学音乐系主任范天祥任总指挥，组织北平14所大学与中学的500余名学生，在故宫太和殿前演出大合唱，实为中国最早的"学生大合唱"。1936年6月7日，音乐家刘良模指挥民众歌咏会在上海举行千人"大会唱"。西安事变后抗日爱国群众歌咏活动在城乡社会各界掀起高潮。歌唱家李抱忱在自己编译的《中国抗战歌曲集》序言中说："中国为抗战的呐喊谱写的音乐，1931年事变以后引发的悲痛，在大众的歌咏中得以宣泄。几乎是在一夜之间，爱国歌曲响遍全国。它们唤起民众一致抗日，发挥了巨大的作用。中国的坚定不仅表现在战场上，也被写入了人民所唱的歌曲。"①抗战歌曲的共同特点，是其主旋律都在于高扬中华民族共同体意识与呼唤同仇敌忾。例如，《一二八纪念

① 参见向延生：《李抱忱与英文版〈中国抗战歌曲集〉》，载《中央音乐学院学报》，2007（4）。

歌》（高雄词，吕骥曲）歌词："你们为着民族生存，奋斗到底，牺牲一切！用你们的热血，唤醒民众。这是你们的功烈！中华民族不可灭！中华民族不可灭！""我们要替你们报仇，踏着血迹，勇猛前进！用我们的热血，完成革命，这是我们的责任。中华民族要生存！中华民族要生存！"《中华民族不会亡》（野青词，吕骥曲）歌词："国难当头，不分党派齐奋斗！暴日欺凌，男女老少齐抵抗！齐心奋斗，合力抵抗，中华民族不会亡！"《公仇》（田汉词，张曙曲）歌词："同胞们，快停止私斗，来报我们中华民族的公仇！"① 歌词中的"不分党派齐奋斗"，"停止私斗，来报我们中华民族的公仇" 显然是唱出了国人要求国共合作建立抗日民族统一战线的普遍心声！

在抗战歌曲中，《义勇军进行曲》最具代表性，也最值得注意。一是它的歌词的变动在中华民族概念形成史上具有深意。1934 年年底田汉写成《风云儿女》电影故事，

---

① 　冼星海、张曙、塞克、罗蒂塞编：《抗战歌曲集》，14、28、68 页，上海，生活书店，1937，初版，1938，再版。

次年 2 月主题歌《义勇军进行曲》只写成部分歌词，他便被捕了，后由聂耳在日本修改完成后寄回。

其前后变动内容对比如下：

原稿：

起来！不愿做奴隶的人们！

把血肉来筑我们新的长城。

中国民族到了最危险的时候了，

每一个人被迫着发出最后的吼声。

我们万众一心，

冒着敌人的大炮飞机前进！

修改稿：

起来！不愿做奴隶的人们！

把我们的血肉，筑成我们新的长城！

中华民族到了最危险的时候，

每个人被迫着发出最后的吼声。

起来！起来！起来！

我们万众一心，

冒着敌人的炮火，前进！

冒着敌人的炮火，前进！

前进！前进！进！ [①]

　　前后相较，修改后的歌词更显艺术化，更适宜谱曲时的需要和处理，与旋律结合得更流畅紧密。特别是新增加三个"起来！"，逐步把歌曲情感推向全曲高潮。增加的三个"前进！"，则使全词更显坚强有力，稳固坚定。但聂耳最具深意的修改在于将原词中的"中国民族"改为"中华民族"。音乐史家吴海勇先生评论说："这不是文字美化或是为了照顾节奏旋律的修改，看似一字之改，实含现代中华民族观念形成的历史深意"，因为改用"'中华民族'一词承担民族整合的功能也就更为恰当"。[②] 这无疑是对

① 　向延生：《〈义勇军进行曲〉六个疑问的解析》，载《中国音乐学》，2018（4）。

② 　吴海勇：《从"中国民族"到"中华民族"：试论聂耳对〈义勇军进行曲〉歌词的关键修改》，载《史林》，2019（5）。

的。此前田汉创作的《回春之曲》插曲《告别南洋》与《春回来了》的歌词，一个是用"中国民族"，另一个则是用"中华民族"。聂耳谱曲时，将之统一调整为"中华民族"。田汉这次又用了"中国民族"，是否出于疏忽，可不置论；重要的是，聂耳一以贯之，坚持将之改为"中华民族"，绝非偶然。这说明在他看来，后者最具"承担民族整合的功能"。所以，与其说这是他个人的执着，不如说是时代潮流使然。其后，随着歌曲的广泛传播，"中华民族"的概念愈益深入人心，聂耳功不可没，是应当看到的。

二是它成为闻名国内外的抗战歌曲代表作。电影上映后，《义勇军进行曲》迅速传遍大江南北，成为流行最广的抗战歌曲。其时上海的各种游行与集会，多高唱此曲。例如，1935 年年底上海召开纪念孙中山诞辰大会，新闻报道说："开会之前，由主席团派人指挥唱《义勇军进行曲》和《打回老家去》两支雄壮歌曲，千余群众口中迸发出来的怒吼，震撼了那片广场，歌声响彻了云霄。从这歌声里，我们听到中华民族新生的欣欢；从这歌声里，我们发现这一群救亡伙伴们，脉搏跳动一致！迈进步伐的齐整！"①为了向国外宣传介绍中国的抗战情况和抗战歌曲，1939 年秋天，国民党中央宣传部国际宣传处约请李抱忱编辑英文版的《中国抗战歌曲集》。内收 12 首歌曲，头两首是《党国歌》《国旗歌》，编者不能不选；但是，第三首便是《义勇军进行曲》，实为第一首名曲。"词曲作者注释"介绍说："此歌原用作电影片《风云儿女》的主题歌。这激动人心的'痛苦和愤怒的呐喊'像大火席卷全国，现在仍然是中国最流行的抗战歌曲。"②此非虚言。是曲震撼人心的魅力，人们不难从 1936 年 8 月 23 日记者范长江的长篇报道《从嘉峪关到山海关》中的"北戴河海滨的夜话"一节里极富画面感的记述中感受到：

　　这位老新闻记者，滔滔不绝的讲他的感想，似乎他在

① 静芬：《悲壮盛大的中山先生诞辰纪念会》，见周天度、孙彩霞编：《救国会史料集》，194 页，北京，中央编译出版社，2006。
② 向延生：《李抱忱与英文版〈中国抗战歌曲集〉》，载《中央音乐学院学报》，2007（4）。

用他的至诚，想把他全部爱助中国的意见，都在中国地面上说出，才称他的心意。

随着皓月的升空，一个比一个大的海潮，向我们所坐的石岛冲来。遐想笼罩了我整个的心灵，他的谈话暂停之后，要不是涛声的激荡，我们也只能听到彼此的呼吸声音。

这时，远远的海上，在水光月影之中浮出了一只小艇，接着随风送来艇上一群青年的歌声："起来！不愿做奴隶的人们！把我们的血肉，筑成我们新的长城。中华民族到了最危险的时候，每个人被迫着发出最后的吼声……"

歌声与潮声相合和，雄壮激昂，他兴奋地听着说："这是你们中国青年的吼声吗？""是的。"我如此回答。①

范长江无疑认为，中国青年的歌声实已回答了外国记者的疑虑：中国新的长城就屹立在四万万国人的心中，这

---

① 范长江：《从嘉峪关说到山海关》，见范长江著，沈谱编：《范长江新闻文集》上卷，375 页，北京，新华出版社，2001。

就是日益自觉的中华民族共同体意识的崛起！《义勇军进行曲》不仅唱遍了大江南北、穷乡僻壤，而且传唱到了海外。可以说，以《义勇军进行曲》为代表的上述抗战歌曲的广为传唱，本身就是中华民族认同最明显的表征之一。

西安事变和平解决后，国共最终实现了第二次合作。1937 年 9 月 22 日，国民党中央通讯社发表《中国共产党为公布国共合作宣言》，其中写道：

亲爱的同胞们！中国共产党中央委员会仅以极大的热忱向我全国父老兄弟诸姑姊妹宣言：当此国难极端严重民族生命存亡绝续之时，我们为着挽救祖国的危亡，在和平统一团结御侮的基础上，已经与中国国民党获得了谅解，而共赴国难了，这对于我们伟大的中华民族前途有着怎样重大的意义啊！因为大家都知道，在民族生命危急万状的现在，只有我们民族内部的团结，才能战胜日本帝国主义的侵略。现在民族团结的基础已经定下了，我们民族独立自由解放的前提也已创设了，中共中央特为我们民族的光明灿烂的前途庆贺。……寇深矣！祸亟矣！同胞们，起来，一致的团结啊！我们伟大悠久的中华民族是不可屈服的。起来，为巩固民族的团结而奋斗，为推翻日本帝国主义的压迫而奋斗，胜利是属于中华民族的。[①]

次日，蒋介石发表谈话，指出团结御侮的必要，事实上承认了中国共产党在全国的合法地位。国共合作宣言和蒋介石谈话的发表，标志着国共两党第二次合作的正式形成。

毛泽东对于国共合作建立抗日民族统一战线给予了高度评价，认为它标志着"中华民族是站起来了"，抗战必将取得最终胜利。他说：

假如没有国共两党为基础的抗日民族统一战线的发起、建立与坚持，如此伟大的抗日民族革命战争之发动、

---

① 《中国共产党为公布国共合作宣言》，见中共中央党校党史教研室选编：《中共党史参考资料》第4册，3～5页，北京，人民出版社，1979。

持久与争取胜利，是不可能的。现在全中国全世界的人都明白：中华民族是站起来了！一百年来受人欺凌，侮辱，侵略，压迫，特别是九一八事变以来那种难堪的奴辱地位，是改变过来了。全中国人手执武器走上了民族自卫战争的战场，全中国的最后胜利，即中华民族自由解放的曙光，已经发现了。①

换言之，国共二次合作与抗日民族统一战线的建立，是中华民族自觉与奋起的重要表征。故 1938 年毛泽东进而提出"团结中华各族，一致对日"的主张，他说："我们的抗日民族统一战线，不但是国内各个党派、各个阶级的，而且是国内各个民族的"，故必须"团结各民族为一体，共同对付日寇"。②

① 毛泽东：《论新阶段》，见中共中央文献研究室、中央档案馆编：《建党以来重要文献选编（一九二一———一九四九）》第 15 册，576 页，北京，中央文献出版社，2011。
② 毛泽东：《论新阶段》，见中共中央文献研究室、中央档案馆编：《建党以来重要文献选编（一九二一———一九四九）》第 15 册，621 页，北京，中央文献出版社，2011。

1937 年 7 月 17 日，蒋介石曾发表庐山谈话："战争既开之后，则因为我们是弱国，再没有妥协的机会，如果放弃尺寸土地与主权，便是中华民族的千古罪人，那时候便只有拚民族的生命，求我们最后的胜利。"[1] 民族大义终令国共两党"破镜重圆"。

明白了这一点，便不难理解何以社会舆论对于国共实现二度合作无不欢欣鼓舞。费彝民说，西安事变可谓"塞翁失马，经此一闹，国共之间反而奠定了合作基础"[2]。这无异于说，国共合作乃中华民族之福。钱亦石发表《中国在怒吼中》，同样欢呼国共合作与抗日民族统一战线的建立改变了中华民族的命运。他在文中写道："一月来也有重大的转变。危害民国紧急治罪法已修改了，大批的政治犯已得到自由了……朱德彭德怀已在中央领导之下就第八路军总副指挥之职了……这几件事的意义，证明政府与民

①　蒋介石：《在庐山谈话会上讲话》，见上海社会科学院历史研究所编：《"八一三"抗战史料选编》，616 页，上海，上海人民出版社，1986。
②　费彝民：《民国的长成》，载《良友》，第 162 期，1941。

众只有一条心，只有一个目标，就是大家共赴国难。中国在转变中，在前进中，在怒吼中！"现在必须唤起民众，"使每一个中华民族的儿女，站在自己的岗位上，参加抗战，支持抗战"。① 作为名记者的范长江是敏锐的，所以他的情感表达最为深沉："由政治途径统一国家之趋势，今天已有明显的进展。在实际利害上，虽尚有相当摩擦，而政治理论上，却已无大问题。这是中华民族无限量牺牲所换来的代价，值得每一个中国人的庆幸。"② 抗战胜利后，记者出身的冯子超很快于 1948 年 8 月推出了《中国抗战史》，其中"抗战最后胜利的保证"一节写道："中国所以能和侵略者的日本作持久战而且终于获得最后胜利的保证，很明显的是在于'抗日统一战线'的完成。'统一战线'是'国''共'两党的精诚合作为基础。"③ 足见，尽管前路

① 钱亦石：《中国在怒吼中》，载《国闻周报》"战时特刊"第 8 期，1937。
② 范长江：《塞上行·自序》，见范长江著，沈谱编：《范长江新闻文集》上卷，369 页，北京，新华出版社，2001。
③ 冯子超：《中国抗战史》，149 页，见沈云龙主编：《近代中国史料丛刊》第 77 辑，台北，文海出版社，1972。

崎岖，在中华民族生死存亡的关键时刻，国共能够重新携手，建立抗日民族统一战线，乃天佑中华！

　　如前所述，在国共第一次合作领导国民革命时期，英国历史学家威尔斯就曾惊叹，中国人民追求民族的解放，"以表现一活的中国民族于世界矣"。现在国共终于再次合作，建立了抗日民族统一战线，中华民族的自觉及中华民族作为共同体的客观存在，已然为国际所公认，并相信她将取得民族自卫战争的伟大胜利。1938 年，共产国际执行委员会主席团发表声明说："共产国际与中华民族反对日寇侵略者的解放斗争是团结一致的。""毫无疑义的，团结一致的中华民族的英勇，将使它能打倒野蛮的日本军阀，获得完全胜利，而建立自由的独立的中华民主共和国，它将成为全世界上和平民主与进步的最重要柱石之一。"①

---

① 《共产国际的决定与声明（1938 年 9 月）》，见《中共党史教学参考资料》第 3 册，294、296 页，北京，人民出版社，1980。

第三章
一个坚定的民族信念
——"中华民族原为不可分割之整体"

一、"中华民族是整个的"

20世纪20—30年代，国共两度合作，提出了实现"中华民族伟大解放"的远大目标，并推动了国民革命与抗日民族统一战线的建立，这是中华民族自觉走向深化的重要标志。与此同时，思想界提出了一个坚定的民族信念——"中华民族原为不可分割之整体"，它构成了中华民族自觉的有机组成部分，是不应被轻忽的。众所周知，1939年顾颉刚发表《中华民族是一个》，曾引起了学界的争论；但人们多忽略了，这并非顾颉刚个人的识见，实际上它是此期业已累积的思想界正能量集中和鲜明的迸发！

　　强调中华民族是一个统一的和不可分割的民族共同体，此思想的缘起可追溯到梁启超。1922 年，他在《中国历史上民族之研究》中说，中华民族既由"多元结合"，"成一大民族"，"乃出极大之代价所构成"，她便是"一极复杂而极巩固之民族"，且在将来，"绝不至衰落，而且有更扩大之可能性"。[①] 中华民族既是历久弥坚的"一极复杂巩固之民族"，还在"更扩大"之中，自然是不容分割的"整体"。1924 年，孙中山在《三民主义》的演讲中提出"国族主义"，将此意涵进一步凸显。他强调，汉族在中国民族的总数中占绝大多数，世界上唯有中国才可以说"民族就是国族"，"因为中国自秦汉而后，都是一个民族造成一个国家"。他主张"结合四万万人成一个坚固的民族"，由家族而宗族，再到国族，"便可以成一个极大中华

① 梁启超：《中国历史上民族之研究》，见汤志钧、汤仁泽编：《梁启超全集》第 11 集，376、398 页，北京，中国人民大学出版社，2018。

民国的国族团体"。① 中华民族作为四万万人结合成的"一个坚固的民族",或称"国族团体",当然也是不容分割的"整体"。不仅如此,孙中山提出"国族"的概念,本身就具有很强的画面感,加上将它说成是家族、宗族的扩大,且与中华民国的国家主体互为依存,这就使得中华民族是不容分割的"整体"之观念,变得更加鲜明和不容置疑了。所以,《时事新报》的社评才会这样说:"中华民族原为不可分割之整体,故于凡百有关于国族存亡之问题,举国人士,自必无朝无野,一德一心;在一个总的政治机构指导之下,遵守民族纪律,分尽责任,集体作工,以严肃步伐,待非常事变。"②

不过,第一个明确提出此一概念的,却是傅斯年。1935 年 12 月 1 日,他在天津《大公报·星期论文》上发表了《中华民族是整个的》一文。两周后,即 12 月 15 日,

①　孙中山:《三民主义》,见《孙中山全集》第 9 卷,185、189、238、239 页,北京,中华书局,1986。孙中山"国族主义"说确当与否,这里可不置论。
②　《"一二八"之四周年》,载《时事新报》,1936-01-28,第 2 版。

《独立评论》重刊了此文。傅斯年在文中说，早在两千多年前的先秦时期，中国便有了"大一统"的思想且深入人心。迄秦汉更形成了统一的多民族国家。"我们中华民族，说一种话，写一种字，据同一的文化，行同一的伦理，俨然是一个家族"，"所以世界上的民族，我们最大；世界上的历史，我们最长。这不是偶然，是当然。'中华民族是整个的'一句话，是历史的事实，更是现在的事实"。① 文章意在揭露日本策划"华北自治运动"、企图分裂中国的阴谋，故强烈要求对于助纣为虐的少数"卖国贼"当严加惩处。它警告日本侵略者，中华民族不容分割，因为"中华民族是整个的"，这不仅是历史的事实，更是现在的事实，其阴谋是不可能得逞的。如果说，"中华民族是整个的"之意涵原已包含在梁启超、孙中山的思想中，那么，傅斯年是文则是感时而发，斩钉截铁，将之提炼、上升成了一种民族共同体的坚定信念与可资动员国人的精辟有力

---

① 傅斯年：《中华民族是整个的》，见欧阳哲生编：《傅斯年文集》第 6 卷，146、147 页，北京，中华书局，2017。

的口号。"中华民族是整个的"不仅做了文章的标题，且成开宗明义的首句，反映作者思之深与用心良苦。胡适在《编辑后记》中说：傅斯年此文原为 12 月 1 日《大公报》的"星期论文"，"因为时局关系，原文登出时稍有删节之处。我们得了作者的同意，把全文在这里发表"。①这说明，胡适不仅赞同作者的观点，而且高度重视此文。

　　傅斯年的文章发表后产生了广泛的影响，尤其是"中华民族是整个的"的提法，很快成了被普遍认同的一种理念和经典的口号，广为流传。此文发表后不久，《图书展望》的文史编辑王孟恕便于 12 月 29 日发表《关于中小学史地教材的一个中心问题》一文，强调"中华民族是整个的"理念，应当成为指导我国中小学史地教材编写的一个"中心问题"，对此给予高度重视。他写道："史地教学的最后目的，是在养成儿童和青年们的国家观念与民族意识。正惟如此，我们——担任史地教师的人们，应该拿

① 胡适：《编辑后记》，载《独立评论》，第 181 号，1935。

这'中华民族是整个的'一个问题做我们设教的中心。在我们设教的时候，对此问题，应常予以极详尽的提示；然后我们的劳力不是白费，而我们的目的才有到达的希望。使他们知道，在自然环境上，中华民族是整个的；各方面都有'合则两利，离则两伤'的关系，他们于无形中自会产生出爱护祖国的心理。""这样，国家观念与民族意识的养成，自是当然的而也是必然的。要不是如此的话，那我们的教授史地，可说是完全失败了的。"①这位编辑思想敏锐，他完全认同傅斯年的观点，其意见也是十分正确的。

不仅如此，"中华民族是整个的"很快成了一些报刊头版固定栏目的标题，用以专门发表短评或刊登有关各民族积极抗战的新闻报道。例如，1936年《现代青年》（北平）第5卷第3期在《中华民族是整个的》栏目下发表了楚人的短评说："'中华民族是整个的！'这是我们四万万同胞都应当有的一个认识。""我们决不肯再见国家主权的

---

① 王孟恕：《关于中小学史地教材的一个中心问题》，载《图书展望》，1936（4）。作者文后自注："二十四年十二月二十九日脱稿于杭高。"

被削夺，国家疆土被侵占，国家行政现分裂。我们应组织起民众爱国阵线，督促我们的政府作守土御侮的工作，和使汉奸分子不再见于中国社会。""中华民族是整个的，我们要以铁与血来保护中华民国主权和疆土的完整！"①同年1月，《圣公会报》在同样的栏目标题下发表了瀚的短评写道：辛亥革命以来虽多变故，但至少有一点可以说革命是成功的，"就是人人都觉得中华民国是一个中华民族的国家。虽经过了许多年的内乱，但民族仍是统一的"。九一八事变后，日本占我东北，当下有"少数不肖"者又在酝酿所谓"华北自治"，企图分裂国家，为虎作伥。忧时之士大声疾呼"中华民族是整个的"，目的就是唤起国人，使之懂得"非全国上下一心一德，彼此精诚团结，大家都觉得中华民族是整个的不可"。我们基督教徒也应当有一种"我也是整个民族一份子的觉悟"，"国存与存，国亡与亡，皮之不存，毛将焉附"。②

---

① 文载《现代青年》，第 5 卷第 3 期，1936。
② 瀚：《中华民族是整个的》，载《圣公会报》，第 29 卷第 1 期，1936。

　　"中华民族是整个的"理念，也为在国人舆论压力下最终决心通过国共合作建立抗日民族统一战线的国民党和国民政府所接受。1938 年 3 月，国民党召开临时全国代表大会，其通过的宣言提出了"民族建国"的口号，同时强调：日本在我各民族间挑拨离间，企图制造傀儡，分裂我民族与国家，国人需明白，"中国境内各民族以历史的演进，本已融合而成为整个的国族"。[①] 这里，"整个的国族"与"中华民族是整个的"词意相通。故同年 8 月 15 日，蒋介石又在《告沦陷地区民众书》中说："须知中华民族是整个的，绝对不容分盟割裂。"[②] 以国共合作为基础的抗日民族统一战线的建立，实使"中华民族是整个的"理念进一步成为全社会的共识。

　　1937 年 7 月，《益世报》发表社评《中国是整个的中

① 《中国国民党临时全国代表大会宣言》，见曹必宏主编，中国第二历史档案馆、海峡两岸出版交流中心编：《中国国民党历次全国代表大会暨中央全会文献汇编》第 14 册，264 页，北京，九州出版社，2012。

② 《蒋委员长发表告沦陷地区民众书（下）》，载《申报》（香港），1938-08-15，第 2 版。

国》，文中说："我们在今日，敢正告对方（指日本侵略势力——引者），中国是整个的中国。"这包含两层意义：其一，与九一八事变前不同，经国共合作，"从政治上来说，中国政治已经统一，已成铁般的事实"。在此种环境下，"外人挑拨分化之手段，实已无从施其伎俩"。其二，"中国人是整个的集团，更是铁般的事实。中华民族因历史、政治、经济、文化等等关系，人心由来统一"。在此种环境下，任何人想充当外人傀儡，必成全国公敌，身败名裂。"有此一切事实，我们敢断定，目前对方的政治运用，绝无收效成功之可能。"① 不难看出，国共合作与抗日民族统一战线的最终建立，正是这篇社评的底气所在。同时，此间少数民族对此理念的强烈认同，更具有说服力。

1938 年 7 月 12 日，中国共产党的机关报《新华日报》刊登《康藏民众代表慰劳前线将士书》，其中写道："中华民国是包括固有之二十八省、蒙古、西藏而成之整个国

---

① 《中国是整个的中国》，载《益世报》，1937-07-16，第 4 版。

土，中华民族，是由我汉满蒙回藏及其他各个民族而成的整个大国族。日本帝国主义者肆意武力侵略，其目的实欲亡我整个国家，奴我整个民族，凡我任何一部份土地，任何一部份人民，均无苟全幸存之理。"慰问书的关键词——"整个国家""整个民族""整个国土""整个大国族"，高扬的正是"中华民族是整个的"这一坚定信念。这说明，康藏民众赞成这个提法，而中国共产党同样是支持的。

刘雅斋作为一位回族的读者给《民意周刊》写信，同样表达了少数民族共同的信念："中华民族是整个的，中华民国也是有不可分性的。倭寇的进攻，我们回族同样地感到不能再忍受，反抗侵略的怒焰，捍卫国家的热情，终于激动了全国回胞的救亡运动。"我们新成立的"中国回民救国协会"的任务就是"武装回民参加抗战，实现全国各民族大团结，并向国际宣示中国民族的统一"。"中华民族的儿女，个个人应该担负保卫中国的责任，这是当然的。我们回族已经奋起了，希望蒙藏各族同样地各尽救国的义务。"①

即便是1939年2月顾颉刚发表了《中华民族是一个》并引起了不小的争论之后，"中华民族是整个的"的提法仍被普遍认同。

1939年3月，吴文藻在《论边疆教育》中说："不论是蒙、藏、回、苗任何一族所在的地方，对中央不是殖民地的关系，不是藩属的关系，亦不是如欧美人或日本人所说保护国和宗主国的关系，而是整个中华民族或一个中华民国地方与中央的关系。"②

1939年4月，孙绳武在《中华民族与回教》中说：日本帝国主义者"以灭亡整个的中国为目的，想把整个的中华民族划分为许多小的单位，以便它来个别地征服与统治"③。

1939年11月，《前线日报》短评说："中华民族是整

①　文载《民意周刊》，第 33 期，1938。
②　吴文藻：《论边疆教育》，载《益世报·星期论评》，1939-03-05，第 2 版。
③　孙绳武：《中华民族与回教》，载《回民言论半月刊》，第 1 卷第 7 期，1939。

个的，由数千年历史的关系久已水乳交融，敌人虽设法离间，亦不可得。"①

直到 1947 年开明书店出版的周予同著《本国史》教材，仍然写道："中华民族是整个的，不可分离的；世界各国往往有一个民族分属于几个国家，或一个国家包含几个民族；但现在的中华民族却以一个民族为主干，靠了悠久的岁月和和平的文化来融化其余民族，简直是一个民族建设一个国家。"②

二、"中华民族原为不可分割之整体"

顾颉刚《中华民族是一个》一文发表于 1939 年 2 月，开头写了这样一段话：

昨天接到一位老朋友的一封信，他抱了一腔爱国的热

---

① 《中华民族是一个》，载《前线日报》星期刊，第 49 期，1939–11–05，第 6 版。
② 周予同：《本国史》第 4 册，94 页，上海，开明书店，1947，初版，1948，再版。

忧写了好多篇幅，大意是说："现在日本人在暹罗宣传桂滇为掸族故居，而鼓动其收复失地。某国人又在缅甸拉拢国界内之土司，近更收纳华工，志在不小。在这种情形之下，我们决不能滥用'民族'二字以召分裂之祸。'中华民族是一个'，这是信念，也是事实。我们务当于短期中使边方人民贯澈其中华民族的意识，斯为正图。……"

我在这一个多月来，私人方面迭遭不幸，弄得奄奄无生人之趣，久已提不起笔管来。读到这位老友恳切的来信，顿然起了极大的共鸣和同情，使我在病榻上再也按捺不住，今天一早就扶杖到书桌前写出这篇文字。[①]

顾颉刚所说的这位老友是傅斯年，他自谓受后者的激励写出了这篇文章。这自然是不错的，但仍可以提出以下的问题：其一，如上所述，自 1935 年傅斯年发表《中华民族是整个的》以来，此一理念和经典的口号广为传播，

① 顾颉刚：《中华民族是一个》，载《西北通讯》（南京），1947（1）。

已成社会的普遍共识，何以到此时他又转而鼓励顾颉刚尽快写出《中华民族是一个》呢？其二，顾颉刚早在 1937 年 1 月 2 日便在《大公报》上发表论文《中华民族的团结》，提出了自己"中华民族是一个"的观点："血统相同的集团，叫做种族。有共同的历史背景，生活方式，而又有团结一致的民族情绪的集团，叫做民族。……我们暂不妨循着一般人的观念，说中国有五个种族；但我们确实认定，在中国的版图里只有一个中华民族。"① 既是这样，何以要待 1939 年 1、2 月间傅来信后，顾才于次日奋然扶病而起，急切著成是文呢？

　　要解释这两个问题，需梳理时为史语所所长，即顾颉刚上级，实际代表国民党官方主流意识形态的傅斯年思想之变动。当年他提出"中华民族是整个的"，目的在于揭露日本煽动所谓"华北自治运动"破坏国家领土完整的阴谋，强调的是"中华民族本是一体"，不是"中华民族

---

① 顾潮：《顾颉刚年谱》，266 页，北京，中国社会科学出版社，1993。

是一个"，即其重点不在讲构成中华民族各族类的称谓问题。[①] 直到 1938 年，他在《中国民族革命史》中，依然讲的是"一体之中华民族"。但值得注意的是，此文虽谈到了族类的称谓问题，却提出了一个重要的创见：包括汉族在内，构成中华民族的各族类都只属于"分民族"（这在下文将谈到）。[②] 依其民族分层观点，"民族"一词并不足以引起纷争。同年，史语所辗转迁至昆明等地。西南是少数民族聚集区，民族关系复杂，加之外国侵华势力挑拨离间，刻意制造民族矛盾，故谈民族问题变得十分敏感。中原内迁的学人多将西南视为开展民族研究的沃土，跃跃欲试，热情甚高。而史语所要求同僚对此谨言慎行，是可以理解的。1939 年 1、2 月间，傅斯年致书初到昆明主编《益世报·边疆周刊》的顾颉刚，首先便是提醒他"边疆""民族"两名词"在此地用之，宜必谨慎"，因为二者皆涉及

① 参见傅斯年：《中华民族是整个的》，见欧阳哲生编：《傅斯年文集》第 6 卷，147、148 页，北京，中华书局，2017。
② 参见傅斯年：《中国民族革命史》，见欧阳哲生编：《傅斯年文集》第 3 卷，295 ～ 297 页，北京，中华书局，2017。

各族情感并关乎政治问题。他说，约在 1934 年，本所"刊行凌纯声先生之赫哲族研究时，弟力主不用'赫哲民族'一名词。当时所以有此感觉者，以'民族'一词之界说，原具于《民族主义》一书中，此书在今日有法律上之效力，而政府机关之刊物，尤不应与之相违也。今来西南，尤感觉此事政治上之重要性"①。有论者据此认定傅当年即主张"反对以'民族'指称构成中华民族之族类"②，这是解读过度了。实则当时他仅是以为，孙中山既有"国族"的界定，即具有法律的约束力，体制内的出版物就当以此为准，不宜称"赫哲民族"，而非简单主张除"中华民族"外，一律禁用"民族"一词。如前所述，在《中国民族革命史》中他就用了"分民族"的说法，已然说明了这一点。而此次他在致顾颉刚信中，明明只是说"决不能滥用'民

① 傅斯年：《致顾颉刚》，见欧阳哲生编：《傅斯年文集》第 7 卷，295 页，北京，中华书局，2017。

② 娄贵品：《只有一个中华民族——民国时期改废国内各族称谓的历史考察》，见马戎主编：《"中华民族是一个"——围绕 1939 年这一议题的大讨论》，303 页，北京，社会科学文献出版社，2016。

族’二字”，而非强调除“中华民族”外，禁用“民族”一词，同样也说明了这一点。傅斯年认为，在当下的西南地区，此事关乎政治，影响则更大：“夫云南人既自曰‘只有一个中国民族’，深不愿为之探本追源；吾辈羁旅行在此，又何必巧立各种民族之名目乎！”“则吾辈正当曰‘中华民族是一个’”，顺势而为，绝不应“滥用‘民族’二字”，即不能“谈一切巧立名目之民族”，以免分化本为统一的“国族”！耐人寻味的是，信中傅斯年对顾颉刚提出三条具体建议：一是《边疆周刊》取消“边疆”一词，改为“云南”“地理”“西南”等；二是刊物以讨论地理、经济、土产、政情等为限，“莫谈一切巧立名目之民族”；三是“尽力发挥‘中华民族是一个’之大义，证明夷汉之为一家，并可以历史为证”。这说明此信的本意显然是在提醒顾颉刚谨言慎行，避免引起民族纠纷。在三条建议中，头两条固不必论，避嫌目的明显；而第三条，从后来顾颉刚发表的文章引发了轩然大波看，似乎此建议却与其本意相违。但是，应注意到傅斯年在信中强调说，云南人乐谈“只有

一个中国民族"①。他在另一致朱家骅等人的信中更进一步
说，如云南省主席龙云、高官周钟岳、巨绅李根源诸人，
"彼等皆以'中国人'自居，而不以其部落自居，此自是
国家之福"②。他接着说，"吾辈正当曰'中华民族是一个'"，
即何乐而不为呢？故其主顺势而为，力求避嫌的目的同样
是显而易见的。换言之，信中傅斯年所说的"中华民族是
一个"，并不一定要引出除"中华民族"外禁用"民族"
一词的结论；所谓"莫谈一切巧立名目之民族"③，与除"中
华民族"外禁用"民族"一词，显然也不能等量齐观。这
一点当是理解二人思想异同的关节点。

　　明乎此，便不难理解顾颉刚发表的文章引起争议后，
傅斯年很快给上峰朱家骅等写信，何以第一句话便是：

①　傅斯年：《致顾颉刚》，见欧阳哲生编：《傅斯年文集》第7卷，295页，北京，
中华书局，2017。

②　傅斯年：《致朱家骅、杭立武》，见欧阳哲生编：《傅斯年文集》第7卷，298页，
北京，中华书局，2017。

③　傅斯年：《致顾颉刚》，见欧阳哲生编：《傅斯年文集》第7卷，296页，北京，
中华书局，2017。

"先是颉刚在此为《益世报》办边疆附刊，弟曾规劝其在此少谈'边疆''民族'等等在此有刺激性之名词。"又说："彼乃连作两文以自明。"①"以自明"三字，说明在此问题上彼此有过分歧与磋商，而顾颉刚甚至有所承诺。顾颉刚在《中华民族是一个》中说过这样一段话："有一种人小心过甚，以为国内各种各族的事情最好不谈，谈的结果适足以召分裂之祸。记得前数年就有人对我说：'边地人民不知道他们自己的历史时还好驾驭；一让他们知道，那就管不住了。'但我觉得，这是讳疾忌医的态度，我们不当采取。"②此言实印证了这一点。信中的下一句自然最重要：顾文"其中自有缺陷，然立意甚为正大，实是今日政治上对民族一问题惟一之立场"。傅斯年力挺顾颉刚，充分肯定并支持其文的严正立场。他批评个别学者主张"为学问而学问，不管政治"，一味简单照搬西方的民族概念，不

①　傅斯年：《致朱家骅、杭立武》，见欧阳哲生编：《傅斯年文集》第7卷，298页，北京，中华书局，2017。
②　顾颉刚：《中华民族是一个》，载《西北通讯》（南京），1947（1）。

惜"刺激国族分化之意识",是完全错误的。他说:"夫学问不应多受政治之支配,固然矣。若以一种无聊之学问,其想影响及于政治,自当在取缔之列。"① 但是,信中同时也承认"其中自有缺陷"。傅斯年未说明所谓"缺陷"指什么,这一点下文将要论及。顾颉刚文章的主要观点在西北考察期间实已成熟,他自己说因心情欠佳一直不能作文,但接到傅斯年来信,受其激励,次日便决然扶病奋起,疾书成文。我们完全可以合理推测,顾是得到了傅的认同之后才欣然命笔的。这与傅斯年所说"彼乃连作两文以自明",逻辑上也正相契合。

当然,还需看到 1939 年顾颉刚提出的"中华民族是一个"与傅斯年提出的"中华民族是整个的",彼此存在关联。从汉语修辞的特点看,后者的意思可以涵盖前者,即"是整个的"与"是一个"为近义词,二者的命意都在强调中华民族团结统一,以共同对外。顾颉刚同样说道:

① 傅斯年:《致朱家骅、杭立武》,见欧阳哲生编:《傅斯年文集》第 7 卷,298 页,北京,中华书局,2017。

青年是时代的希望，"我现在敢对他们说：我们所以要抗战为的是要建国，而团结国内各种各族，使他们贯澈'中华民族是一个'的意识，实为建国的先决条件"。"能够这样，中华民族就是一个永远不打破的金瓯了！"[①]"一个永远不打破的金瓯"，当然就是"整个的"。唯其如此，傅斯年才在相关争论中力挺顾颉刚，因为"中华民族是一个"与他自己所说的"中华民族是整个的"，命意是完全相同的。然而，同时要看到，在汉语中，"是整个的"与"是一个"虽为近义词，但在语意上仍存差异：前者主要是强调事物内部具有的整体性、统一性与稳定性；而后者除此之外，无论对内对外而言，都更加强调和突出其内含之唯一性的意涵。所以，顾颉刚在《中华民族是一个》中强调说："凡是中国人都是中华民族——在中华民族之内我们绝不再析出什么民族——从今以后大家应当留神使用这'民族'二字。""我现在郑重对全国同胞说：中国之内决没

---

① 顾颉刚：《中华民族是一个》，载《西北通讯》（南京），1947（1）。

有五大民族和许多小民族，中国人也没有分为若干种族的必要。""我们对内没有什么民族之分，对外只有一个中华民族！"①

傅斯年在肯定顾颉刚的文章立意正大的同时，也说到"其中自有缺陷"，只是没说明所谓"缺陷"具体指什么。不过，我们若考察 1938 年他在《中国民族革命史》中的某些独到的见解，可能有助于理解他所谓"缺陷"之所指。傅斯年在书中虽然强调中华民族的整体性，"中华民族者，中华民国之国民皆属之。其中虽有所谓'汉族''满族''蒙族''回族''藏族'各名词然在今日事实上实为一族"；但是，他同时又指出，包括汉族在内，现有各民族"只可谓中华民族中之分民族"。汉族一名，改称汉人更妥当，"若必问其族，则只有一体之中华民族耳"。②由此可知，在傅斯年看来，强调"中华民族是整个的"，

① 顾颉刚：《中华民族是一个》，载《西北通讯》（南京），1947（1）。
② 傅斯年：《中国民族革命史》，见欧阳哲生编：《傅斯年文集》第 3 卷，295、297 页，北京，中华书局，2017。

并不影响承认其内部分层，汉、满、蒙、回、藏等民族，实为"一体之中华民族"中的"分民族"。换言之，中华民族乃多元化的"分民族""合于一大民族之内"，构成了"一体"即中华民族的共同体。这与后来费孝通"中华民族多元一体格局"的说法全然相通。费孝通后来对顾颉刚观点的批评主要是认为，"我们不能直接用资本主义上升时期的民族概念去认识我国的民族实体"[1]，我国民族实包含有三个层次：中华民族的统一体，组成中华民族统一体的各个民族，组成中华民族统一体的各个民族内部仍存在的需要作进一步民族辨别的集团。其观点已为今日学界所接受。不难看出，傅斯年的"一体之中华民族"与多元化的"分民族"的独到提法，恰恰与费的"民族分层"说相通，而与顾的"对内没有什么民族之分"的意见相左。足见，上述他所谓顾之文章"自有缺陷"，所指也正在于

---

① 费孝通：《谈"民族"》，见《费孝通全集》第 12 卷，16 页，呼和浩特，内蒙古人民出版社，2009。

此。具体评说当年关于"中华民族是一个"的争论不是本书的任务，笔者意在强调以下三点。

其一，顾颉刚的"中华民族是一个"说，将傅斯年的"中华民族是整个的"观点推进了一大步，尤其是将其中强调的维护中华民族内在的整体性、统一性，以高扬全民族团结抗战的民族大义，以更加鲜明的话语形式和充分的历史依据，表述得淋漓尽致，从而产生了十分巨大的震撼力，可谓"青出于蓝而胜于蓝"。故白寿彝说："中华民族是一个"，"这个口号虽久已喊遍全国，但有事实来证明的，这还是第一篇文字"。① 但顾颉刚否认中国少数民族有称民族的资格，失之绝对化。费孝通发表文章对此表示质疑后，论争纷起，其中多集中于民族、种族的概念之争，反而冲淡了文章的主题。这是顾颉刚及傅斯年所没想到的。但毕竟瑕不掩瑜，费孝通晚年提到当年的辩难时说，"这种牵涉到政治的辩论对当时的形势并不有利，所以我

① 白寿彝：《来函》，载《益世报·边疆周刊》，1939-04-03，第 4 版。

没有再写文章辩论下去"[1]，实际上也是肯定了这一点。陈垣有言："史贵求真，然有时不必过泥。凡事足以伤民族之感情，失国家之体统者，不载不失为真也。"[2] 依陈先生的说法，回到当时的语境，顾、费之争及其进退得失，无不源于家国情怀，都是可以理解的。

其二，傅斯年的"中华民族是整个的"观点，为顾说开辟了先路，但同中有异，其中包含富有智慧与个性的中华民族观，是不应被忽略的。同时，国难当头，他强调政治与学术相统一，以民族大义为重，又表现出了有别于单纯读书人的政治敏感性与远见卓识。顾颉刚的《中华民族是一个》一文发表后颇获多数人的理解与支持，但是"中华民族是一个"的提法终未见流行，而"中华民族是整个的"的提法却一直被人津津乐道。例如，1940年民族学学者谢康著文说："中华民族的演化，是人类学上一个奇迹，她是整个的，和中华民国的统一性一样，她有独特创

---

① 费孝通：《顾颉刚先生百年祭》，载《读书》，1993（11）。
② 陈垣：《通鉴胡注表微》，220页，沈阳，辽宁教育出版社，1997。

造的文明和文化，光被四表"，富有向心力；故当下"中华民族是在对着敌人作全面的战斗，纵有少数汉奸，也不能够根本破坏整个民族行动的一致性"。[①] 1947 年周予同编《本国史》时写道：中华民国建立后，汉族联合满、蒙、回、藏等族，"团结为整个的中华民族"，虽有外敌侵略，阴谋分裂，"但各民族的绝大多数却始终承认中华民族是整个的、不可分离的"。[②] 究其原因，端在于尽管"中华民族是一个"与"中华民族是整个的"两种提法的本意都在强调民族与国家的统一，但毕竟前一提法"其中自有缺陷"，不仅欠通俗，且失之简单化，易起争议；而后一提法则更显周延，且通俗易懂，故能被社会的方方面面所普遍接受。值得注意的是，1942 年蒋介石在题为《中华民族整个共同的责任》的演讲中虽两种提法并用，却是从另一侧面反映出了同样的问题。他说："我们中华民国，

---

① 谢康：《民族学与中华民族的认识》，载《建设研究》，第 3 卷第 3 期，1940。

② 周予同：《本国史》第 4 册，79 页，上海，开明书店，1947，初版，1948，再版。

是由整个中华民族所建立的，而我们中华民族乃是联合我们汉满蒙回藏五个宗族组成一个整体的总名词。……我们集许多家族，而成为宗族，更由宗族合成为整个中华民族。国父孙先生说'结合四万万人为一个坚固的民族'，所以我们只有一个中华民族，而其中各单位最确当的名称，实在应称为宗族。……我们的中华民族是整个的，我们的国家更是不能分割的。"① 在演讲中，蒋介石虽"中华民族是一个"与"中华民族是整个的"两种提法并用，但于前者仅仅提到一次，即"所以我们只有一个中华民族"，寥寥几个字而已；而包括题目在内，通篇演讲更多地反复提到后者，如此"厚此薄彼"，耐人寻味。其时，国民党为专制独裁的需要，正大力鼓吹"一个主义、一个政党、一个领袖"，与之相配合的所谓"宗族组成国族"论也正加紧推出，自然"中华民族是一个"的提法更符合其胃口；

---

① 　蒋介石：《中华民族整个共同的责任》，载《福建训练月刊》，第2卷第4期，1943。

故不难理解，想"鱼与熊掌兼得"却又不能不"厚此薄彼"，实反映了蒋权衡两种提法得失后的复杂心理。

其三，从梁启超、孙中山到傅斯年、顾颉刚，"中华民族是整个的"与"中华民族是一个"重要思想相继提出，两种提法虽容有差异，但重要的是，二者相得益彰，进一步凸显了中华民族共同体团结一致、不容分裂的坚定民族信念："中华民族原为不可分割之整体。"傅斯年表达为，"'中华民族是整个的'一句话，是历史的事实，更是现在的事实"①。顾颉刚则称，"贯澈'中华民族是一个'的意识，实为建国的先决条件"，"能够这样，中华民族就是一个永远不打破的金瓯了"。②现代民族国家的自觉由此可见。也正因如此，此一坚定的民族信念，恰成了中华民族共同体意识的自觉趋向深化的重要表征。

---

① 傅斯年：《中华民族是整个的》，见欧阳哲生编：《傅斯年文集》第6卷，146～147页，北京，中华书局，2017。
② 顾颉刚：《中华民族是一个》，载《西北通讯》（南京），1947（1）。

三、中国之进步，五四后的二十年锐于千载

　　近代中华民族的自觉是历史的概念，这有双层含义：一是不应满足于概念史的探究，而需将之置于近代历史发展进程的大背景下加以考察；二是这不应当影响我们重视其阶段发展的特点。1917 年李大钊发表《新中华民族主义》，第一次赋予了"中华民族"概念以现代的意义，这是近代中华民族由自在转向自觉的鲜明标志；此后的二十年间，即从 1917 年至 1937 年国共两度合作，恰构成了中华民族实现自觉的完整阶段。毛泽东曾说，五四后的二十年，是中国社会历史发展发生根本性转折的重要时期，其时中国的进步锐于千载："全部中国史中，五四运动以后二十年的进步，不但赛过了以前的八十年，简直赛过了以前的几千年。"[①] 毛泽东此言极为精辟，对于我们理解这一阶段，甚至理解整个近代中国历史的发展，都是十分重

---

① 毛泽东：《新民主主义论》，见《毛泽东选集》第 2 卷，703 页，北京，人民出版社，1991。

要的。这二十年中发生的最重要的几件大事，深刻地改变了此后中国历史的走向。除了马克思主义传播与中国共产党成立这个开天辟地的大事件外，国共合作领导的国民革命，提出了反帝反军阀和实现"中华民族伟大解放"的奋斗目标；以及九一八事变后国难当头，之后国共第二次合作，建立了抗日民族统一战线，体现了"中华民族原为不可分割之整体"这一坚定的民族信念，便是这一阶段最重要的表征。而此后几年间，即1938—1945年，则是实现了自觉的中华民族共同体，在血与火中迸发出全民族抗战之坚强斗志与惊天伟力，第一次取得了近代反抗外来侵略战争的伟大胜利，奠定了中华民族走向伟大复兴的基础。要言之，近代国人不断追求自身解放的过程，也就是近代中华民族共同体意识的自觉不断走向深化的过程；而1917—1937年构成了其实现自觉的最初完整的阶段，是应当高度重视的。

20世纪上半叶，中国政局跌宕起伏，发生了急剧复杂的变动，呈现出多种历史场景的转换与叠加。其中，20

年代后，国共关系的演变对时局发展又起了关键性的制约作用，是我们应当看到的。与此同时，也不能忽略，虽然其间国民党背叛革命，造成中华民族的奋起一时受挫，但是，中华民族共同体意识既已自觉，归根结底，她也深刻地制约了国共两党关系的发展。1943 年，为了制止国民党发动第三次反共高潮，中共《解放日报》的社论曾写道：国共两党都是应乎"中华民族的历史发展要求"的产物，要想取消共产党，就如同要想取消"革命的国民党"一样，"都是违反历史发展的笑话奇谈"。历史实践证明，"两党实现了亲密的合作，第一次大革命就以排山倒海之势发展起来，我国民主革命史上就出现了黄金时代"。"在半殖民地的情况下，我们民族的盛衰，系于国共两党的政策，及两党之间的相互关系"，两党的关系好，"中华民族就强盛"，反之，"则中华民族立即衰弱下来"。所以，"为了中华民族，国共两党只应团结，不应分裂，团结越好，中华民族也愈加强盛，反之，分裂则将招致民族的大祸"。①
社论强调国共的关系关乎中华民族的命运，合乎客观的历
史实际，自然是对的，不过人们却忽略了社论同时指出了
问题的另一面，即反之亦然：中国共产党与"革命的国民
党"，都是应乎"中华民族的历史发展要求"的产物，皆
有自己的合理性，故不容取消；然而，若有一天，无论是
谁不再应乎"中华民族的历史发展要求"了，其被取消将
不再是笑话奇谈，而是无可避免的事。换言之，中华民族
追求自身解放，既是民族的自觉，也是民族的大义，更是
最大的民意，故顺之者昌，逆之者亡。明白了这一点，对
于国共之所以能两度合作，以及抗战胜利后内战重起，国
民党终归于失败乃历史的必然，思过半矣。

---

① 《中国共产党与中华民族——为中共二十二周年纪念而作》，见中央档案馆编：
    《中共中央文件选集》第 14 册，467 ～ 470 页，北京，中共中央党校出版社，
    1992。

附录

铸牢中华民族共同体意识断想

一、由严复首先提出的命题：中华民族"易为合而难为分"

梁启超说："苟能有其自信力，天下事何有焉？虽千万人，吾往矣！"① 无论是对于一个人还是对于一个民族来说，自信力无疑都不可或缺。不过，民族毕竟不同于个人，顾颉刚说："历史是民族文化的结晶，民族自信心的基石。"② 人们对于本民族历史的自信，不仅是培育民族自

① 梁启超：《自由书·自信力》（1899 年 10 月 15 日），见汤志钧、汤仁泽编：《梁启超全集》第 2 集，73 页，北京，中国人民大学出版社，2018。
② 顾潮：《顾颉刚年谱》，323 页，北京，中国社会科学出版社，1993。

信心的基石，而且其本身即体现了民族的自信心。在秦汉时期便已形成的中华民族共同体，之所以在近代实现了由自在转为自觉，除了各族人民共同经历了反帝反封建斗争的洗礼之外，缘于共同的民族记忆所形成的历史自信为之奠定了民族自信心的基石，这是不容轻忽的。值得注意的是，在近代，借重历史自信明确地表达了自己对于中华民族坚定的民族自信心之第一人①，恰是深具留学背景的思想家严复。

严复是戊戌时期重要的维新派思想家，早年留学英国，精通西学，所译《天演论》等西方系列经典名著影响巨大。1902 年，梁启超称他是能将西方学术思想输入中国的第一人，并谓"十年来思想之丕变，严氏大有力焉"②。严复译书的特点，是时常加入按语，借以表达自己的见解，其影响往往较原文更大。1903 年，他译成英人甄克

① 其时"中华民族"的概念虽未真正确立，但严复所讲的"黄族"或"黄人"，显然是指包括中国各民族在内的整体，即中华民族。

② 梁启超：《论中国学术思想变迁之大势》，见汤志钧、汤仁泽编：《梁启超全集》第 3 集，105 页，北京，中国人民大学出版社，2018。

思所著《社会通诠》一书，并于次年由商务印书馆出版。有感于原书谈到即便是在共和制度下的先进西方国家，其内部的各民族仍难真正统一，"盖其制终主于人为，而非天合""欲所合之众，发忠爱之悃诚，若天成之国群民族，大难"，严复遂写了如下按语：

吾译前语，于吾心怦怦然。何则？窃料黄人前途，将必不至于不幸也。即使其民今日困于旧法，拘于积习之中，卒莫由以自拔，近果之成，无可解免，而变动光明，生于忧患，行且有以大见于世史，无疑也。今夫合众之局何为者，以民族之寡少，必并合而后利自存也。且合矣，乃虽共和之善制而犹不坚。何故？以其民之本非一种，而习于分立故也。天下惟吾之黄族，其众既足以自立矣，而其风俗地势，皆使之易为合而难为分。夫今日谋国者之所患，在寡，在其民之难一，在法之难行。而吾民于此，实病其过耳，焉有以为患者乎？且吾民之智德力，经四千年之治化，虽至今日，其短日彰，不可为讳。顾使深而求之，其中实有可为强族大国之储能，虽摧斫而不可灭者。夫其众如此，其地势如此，其民材又如此，使一旦幡然悟旧法陈义之不足殉，而知成见积习之实为吾害，尽去腐秽，惟强之求，真五洲无此国也，何贫弱奴隶之足忧哉？世有深思之士，其将有感于吾言！①

　　这里需指出以下几点：其一，所引作者甄克思的话是说，西方国家虽在共和制下，却仍难实现内部民族的真正统一，原因在于"国群民族""终主于人为，而非天合"或叫"天成"。所谓"国群民族"，即指西方民族主义强调的"一个民族一个国家"，民族与国民同体，与国家的疆域等大，故又可称"国族"；所谓"非天合"或"天成"，即指"国群民族"并非缘历史文化自然生成的，而是经后天的人为组合而成的。这是承认了民族主义的理论失之理想化。但是，严复却对此作了进一步概括，指出西方民族存在让人不敢恭维的传统——"何故？以其民之本非一种，而习于分立故也"，即好分裂而不好融合。若仅从甄克思所说的话看，似乎还不足以引出这样有普遍性的结论来，这显然是严复综合了自己对西方文化长期观察的结果。

其二，相对上述西方民族的传统，严复不无自豪地说："天下惟吾之黄族，其众既足以自立矣，而其风俗地势，皆使之易为合而难为分。"他所说的"黄人""黄族"，显然是指作为整体的中国民族。在他看来，中国民族是受人口众多、独特的风俗民情与地理环境等诸多自然因素影响，即缘中国历史文化数千年浸润、培育而生成的，它不同于西方民族，是"天合""天成"的由多种族融合形成的"一种"民族——"黄族"。唯其如此，中国民族才形成了"易为合而难为分"的传统品格，具有强大的内聚力。

其三，严复坚信当下的中国虽积重难返、无以自拔，但从长远看，"变动光明，生于忧患，行且有以大见于世史"，前途无可限量，人们当有民族自信心，无须自卑。严复之所以如此自信，端在于他从本民族悠久的历史文化中看到了中国民族"实有可为强族大国之储能，虽摧斫而不可灭者"。所谓"储能"即潜质，这其中除了"其众如此，其地势如此，其民材又如此"外，最可宝贵的一条，便是中国民族具有强大的内聚力，可合而不可分，虽百折而不挠。其时"中华民族"的概念尚未确立，严复所说的"黄族"事实上指的就是包括整个中国民族在内的中华民族。据笔者所知，在近代史上，能以如此清晰的语言表达自己的历史自信，进而引申出中华民族终将成为"强族大国"的坚定信念的，严复是第一人。这也并非偶然，因为事实上其时并无第二个人具有像严复这样深邃的东西方视野。

此外，严复的按语首尾这样说："吾译前语，于吾心怦怦然。何则？窃料黄人前途，将必不至于不幸也"，"世有深思之士，其将有感于吾言"！此足见其有感而发，意味深长。要理解这一点，需回到 1903 年的中国语境。是年"排满"革命风潮大起，孙中山领导的革命派借西方民族主义宣传"合同种，异异种""汉满不两立""种族革命"等，其目的自在助益革命；但其极端的"排满"宣传存在封建主义的种族偏见，是显而易见的。严复对此不以为然，他斥革命派所谓民族主义无非是宗法社会的遗存，"排满"无异于"内排"，不足为训："夫民族主义非他，宗法社会之真面目也"，"不佞闻救时明民之道，在视其所后者而鞭之。民族主义，果为吾民所后者耶？此诚吾党之所不及者矣"。[①] 其言论深具影响力，故受到了章太炎、汪精卫诸人的围攻。据此便不难理解，严复所谓"心怦怦然"，复转而相信"黄人前途""必不至于不幸"云云，实出于现实的关怀，表述了自己最初担心"排满"将造成民族分裂，继而因历史而自信，终以为不足道的心理活动；"世有深思之士，其将有感于吾言"，则是最终寄语时人，希望他们能与自己一样保持历史的定力与民族的自信心。

事实上，严复的历史自信也影响了其时的梁启超、杨度诸人。后者作为改良派中坚，其反对革命固不足论，但在处理各民族关系的问题上，他们借重中国悠久的历史，

---

① 严复：《读新译甄克思〈社会通诠〉》，见王栻主编：《严复集》第 1 册，148 页，北京，中华书局，1986。

倡导汉、满、蒙、回、藏大融合的"大民族主义",反对主张"排满"的"小民族主义",却是合理的。1905 年,梁启超撰有长文《历史上中国民族之观察》,以丰富的资料证明中国民族自古就是"由多数民族混合而成",并借此"唤起我民族共同之感情",立意高远。① 他根据历史事实强调,中国是由各民族共同创造的国家,"排满"论者实大谬不然:"夫中国之始建国,虽由汉人,然满、蒙、回、藏诸族之加入其间,其久者将历千年,其近者亦数百岁,已成为历史上密切之关系。今日而言中国国土,则本部十八省与东三省、内外蒙古、新疆、青海、西藏之总称也。今日而言中国国民,则汉、满、蒙、回、藏、苗诸族,凡居于中国领土内者之总称也。而不察之徒,其言中国也,则惟知本部,而几忘却其他诸地;其言国民也,则惟知汉族,而几忘却其他诸族,故持论往往而缪也。"②

① 梁启超:《历史上中国民族之观察》,见汤志钧、汤仁泽编:《梁启超全集》第 5 集,76、77 页,北京,中国人民大学出版社,2018。
② 梁启超:《新出现之两杂志》,见汤志钧、汤仁泽编:《梁启超全集》第 6 集,134 页,北京,中国人民大学出版社,2018。

杨度公开申明自己关于民族主义的看法源于严复，不仅批评革命派的民族主义为宗法社会的遗留物，而且指斥倡"排满"论者"不过人民排人民之主义"。他反对"种族革命"说，同样从历史上论证了中国自古是以文化而非以血统区分民族。他写道："中国自古有一文化较高、人数较多之民族在其国中，自命其国曰中国，自命其民族曰中华。"据此可知，在其眼里，一国家与一国家的区别，"别于地域"，一民族与一民族的区别，"别于文化"。故"中华之名词，不仅非一地域之国名，亦且非一血统之种名，乃为一文化之族名"。其后经数千年混杂数千百人种，至今称中华如故。据此可知，汉、满"殆皆同一民族"，同属中华民族。杨度相信，借中华文化融合各民族，"但见数千年混合万种之中华民族，至彼时而益加伟大，益加发达而已矣"。①不难看出，梁、杨的民族自信心与严复一样，皆奠基于历史自信的基石上。

---

① 杨度：《金铁主义说》，见刘晴波主编：《杨度集》，374、369 页，长沙，湖南人民出版社，1986。

　　辛亥革命时期革命派与改良派的论争及其得失，已有丰富的研究成果，这里不做赘述。人所共知，1912 年中华民国创立，临时大总统孙中山宣告"民族统一"和汉、满、蒙、回、藏"五族共和"，成为近代中华民族共同体意识觉醒的重要里程碑；但它显然体现了两派的妥协，并理性地包容了彼此的正能量。同时，曾主张极端"排满"的代表性人物章太炎，甚至在武昌起义爆发当天即致书留日满族学生，对此前自己的过激言论深表歉意，并诚恳邀请他们回国共襄"五族共和"盛举。他在信中写道："君等满族，亦是中国人民，农商之业，任所欲为，选举之权，一切平等，优游共和政体之中，其乐何似？我汉人天性和平，主持人道，既无屠杀人种族之心，又无横分阶级之制，域中尚有蒙古、回部、西藏诸人，既皆等视，何独薄遇满人哉？"[①]其言论主张前后判若两人，固然证明了当年革命派之"排满"论，毕竟只是一种革命的"政略"而已，

---

① 章太炎：《致留日满洲学生书》，见汤志钧编：《章太炎政论选集》上册，520 页，北京，中华书局，1977。

事过境迁，终归于理性。但是，"五族共和"的确立与"排满"论的及时退场、烟消云散，无疑都有力地印证了严复的历史自信——"天下惟吾之黄族，其众既足以自立矣，而其风俗地势，皆使之易为合而难为分"，这是多么高明的远见卓识！

严复写下上述按语 16 年之后，即 1919 年 6 月，明显受到了五四爱国运动激励的梁启超，也表达了自己的历史自信：

中国有四万万民众，居世界人类总数四分之一。其民族之化醇为一体已数千年，团结力极固，颠扑不破，有产生、吸纳、传播高等文明之能力；其所居者为最大洲中最枢要、最膏腴之地。若能自由发展，则人文地利皆能大有所贡献于世界；反是而有外力压迫，阻其发展焉。无论压迫程度酷烈至于何等，终不能致其国家于灭亡，致其民族于分裂，不过发展稍困难而迟滞耳。而于其间被压迫者之争斗及四围压力相触之争斗必有惨不忍言者，凡世界之经世家真不可以一刻忘此危机也。①

梁启超和严复对中华民族最可贵的品格的论断，可谓异曲同工。

严复写下上述按语近半个世纪后，即 1951 年，中华人民共和国成立之初，"体认到中国民族一新生命确在开始了"②的梁漱溟写了一篇文章，题为《中华民族是人类一奇迹》。他同样将中西民族作了对比：

先看看他们（西方民族——引者）之好分不好合。自然欧洲人亦不是没有"合"的事，像近世西欧各民族国家之成立，就都有一种"合"的过程在内。然而从另一方看，他们这种的"合"恰好是从中古千余年以基督教和拉丁文为中心所形成文化统一的大单位，分裂来的。有着千余年

① 梁启超：《世界平和与中国》，见汤志钧、汤仁泽编：《梁启超全集》第 10 集，38 页，北京，中国人民大学出版社，2018。
② 梁漱溟：《国庆日的一篇老实话》（1950 年 10 月 1 日），见《梁漱溟全集》第 6 卷，838 页，济南，山东人民出版社，1993。

历史文化融合之功，还到底要分开，不是恰证明其好分不好合吗？

…………

中华民族之特点总计之有三：无比之大，无比之久，无比之融合统一。柳先生（柳诒徵——引者）因之发为三问：果由何道而大？果由何道而久？果由何道而融合统一？其实拓大与长久既相联不分，而拓大又由融合异族而来，显然只是一个同化融合力特强的问题。[1]

梁漱溟的历史自信同样与严复一脉相承。

质言之，如果说严复关于中华民族"易为合而难为分"的历史观察，已由辛亥革命成功得到了初步印证；那么，他关于中华民族"有可为强族大国之储能"的历史自信，缘中华人民共和国的建立及其至今已然成为世界大国，更是得到了最有力的证明。自信是重要的，给此种自

---

[1]　梁漱溟：《中华民族是人类一奇迹》，见《梁漱溟全集》第 6 卷，842、846 页，济南，山东人民出版社，1993。

信以充分和科学的说明，使之变得愈加自觉，同样是重要的。习近平总书记说："文化自信，是更基础、更广泛、更深厚的自信，是更基本、更深沉、更持久的力量"，然而，"坚定文化自信，离不开对中华民族历史的认知和运用"。① 这里的"认知"，是指通过对历史进行深入的科学研究而获致的真知；这里的"运用"，则是指将获致的历史智慧用以指导治国理政的现实实践。习近平总书记将历史自信问题提高到了治国理政和国家战略的更高层次。提出"中华民族多元一体格局"这一著名理论的费孝通先生，生前对北大社会学人类学研究的建议是，将"中华民族凝聚力这个问题"列入今后研究的课题。② 这些都说明，由严复率先提出的命题，虽一再得到了历史的验证，但毕竟尚未得到科学的充分的说明，因之仍为中华民族史研究的重要课题，值得人们深长思之。

---

① 习近平：《习近平谈治国理政》第 2 卷，349、351 页，北京，外文出版社，2017。
② 费孝通：《简述我的民族研究经历和思考》，载《北京大学学报》，1997（2）。

二、欧战后欧洲民族问题的凸显与国人的反思

中华民国建立后的 20 年间，是近代中华民族共同体意识觉醒的关键性时期。其中的原因固然是多方面的，但欧战后欧洲民族问题的凸显对于国人的影响，是不应被轻忽的。这次战争使四大帝国即沙皇俄国、德意志帝国、奥匈帝国、奥斯曼帝国土崩瓦解，在其废墟上催生了一系列新的国家。这是一场帝国主义间相互争夺的战争，其结果是重新划分了欧洲的版图，使欧洲民族矛盾愈趋复杂。有研究者指出："一战之后，列强确立的凡尔赛—华盛顿体系打开了 20 世纪民族问题的'潘多拉盒子'。"各国的民族矛盾与冲突不断，"破坏了两次世界大战之间这段时期的稳定。它们是导致许多国家国内政局不稳定的主要因素之一"，同时，也是"导致 1939 年战争爆发的主要原因之一"。[1]

---

[1]　贾亮亮：《两次世界大战期间波兰德意志少数民族问题研究》，1 页，博士学位论文，陕西师范大学，2014。

其时，一些感觉敏锐的中国人实已看到了战后欧洲民族的新矛盾及其潜在危机。例如，梁启超在欧战后于 1918 年 12 月 28 日赴欧考察，1920 年 3 月 5 日归国，历时 434 天。其《欧游心影录》于 1920 年 3 月至 6 月在北京的《晨报》和上海的《时事新报》上连载，影响甚大。其中对战后欧洲民族关系的错综复杂及其间的矛盾冲突，有生动的描述：

民族既已如此复杂，若使同在一个国中，还不至十二分嫪辘，他们却是分隶于两国或三四国统治之下，所以把东、南一隅的政界，闹得荆天棘地。试就开战前情形而论，波兰千五百余万人就分隶俄、普、奥三国；罗马尼亚千万人，仅五百五十万隶本国，其余三百多万隶匈牙利，一百多万隶于俄、奥等国；希腊人五百万，仅一半住本国，其余住君士但丁及多岛海；布加利亚人六百五十万，四百万住本国，其余住土耳其及马基顿；塞尔维亚人八百余万，仅二百七十余万住本国，二十五万住门的内哥，其余五百二十五万住奥匈，内中住南匈牙利的二百七十五万，住奥大利的七十五万，住奥大利新领坡士尼亚、赫斯戈维纳二州的百七十五万。在这种情形底下，那被统治的民族固然块垒填胸，那统治的民族却也芒刺在背。就中俄、奥两国，幅员最广，民族最杂，统治亦最难。俄国国内有四十二种不同的语言，所包含主要的民族，除大俄罗斯人约居十分之六外，尚有小俄罗斯人、白俄罗斯人、芬兰人、波兰人、德意志人、罗马尼亚人、鞑靼人、犹太人等。奥匈国更是复杂……这些被治的国民，在俄、奥两国里头，久已积抱不平，亦曾屡次企图独立，无奈总是失败。开战以后，形势日日蜕变，给这些小民族种种好机会。德、奥方面设尽方法运动俄国分裂，东战场俄军一败，全俄革命，俄帝国霎时瓦解。协约国方面，设尽方法运动奥国分裂，西战场德军一败，德、奥革命，奥匈帝国霎时瓦解。先后一年间，两篇文章，依样葫芦，总算是战争期内第一件痛快事了。①

----

① 梁启超：《欧游心影录》，见汤志钧、汤仁泽编：《梁启超全集》第 10 集，108 ～ 109 页，北京，中国人民大学出版社，2018。

不仅如此，他还十分尖锐地指出了战后欧洲民族冲突必然加剧及其潜在的巨大危险性：

因战事结果，欧洲东南一带，产出许多新建的小国。从前巴尔干小国分立实为世界乱源，如今却把巴尔干的形势更加放大了。各小国相互间的利害太复杂，时时刻刻可以反目，又实力未充，不能不各求外援，强国就可以操纵其间。此等现象，为过去战祸之媒，战后不惟没法矫正，反有些变本加厉。从民族自决主义上看来，虽然是一种进步，但就欧洲自身国际关系情况而论，恐怕不算吉祥善事哩。①

此外，1920 年瞿秋白以记者身份赴苏俄采访，他对战后欧洲民族问题也有独到的观察：

---

① 梁启超：《欧游心影录》，见汤志钧、汤仁泽编：《梁启超全集》第 10 集，57 页，北京，中国人民大学出版社，2018。

欧洲大战后民族问题分为两方面：一方面，各"大国"仍旧用殖民地政策，压迫各小民族或名义上所谓"独立国"；各大国之间因少专利而起冲突……；一方面独立的小民族反抗大国的侵略；各小民族之间互相倾轧；各小民族独立国里少数受压迫的民族起而反抗统治的民族，各大国的殖民地亦起而反抗他的宗主国。①

时人既看到了战后欧洲民族问题的严重性，自然会希望从中引出教训来。梁启超的《欧游心影录》十多万字，首篇《欧游中之一般观察及一般感想》属总论，最为重要。其中又分上篇《大战前后之欧洲》，下篇《中国人之自觉》。其总体观点是认为欧战暴露了西方文化的弱点，也彰显了中国文化固有的优长，必须重新审视中西文化关系，努力发展中国的民族新文化。② 这自然也包括了他一

① 瞿秋白：《共产主义之人间化——第十次全俄共产党大会》，见《瞿秋白文集·政治理论编》第 1 册，187 页，北京，人民出版社，1987。
② 参见拙文《欧战后梁启超的文化自觉》，载《北京师范大学学报》，2006（3）。

直倡导的"大民族主义"的民族观。瞿秋白肯定俄共（布）
主张民族平等的政策，但也指出，俄国内部也存在两种非
理性的民族倾向："大俄罗斯"人的"大俄罗斯化"、"大
俄罗斯狭义的民族主义"之倾向与"小民族"的"资产
阶级民主主义的民族主义"之倾向。他说，共产主义是"理
想"，而以此为理想的"是'人'，是'人间的'"，故流
弊便难以避免。但是，瞿秋白相信俄共（布）"提携小民
族"是真诚的并为之而努力，他特别提醒国人说："这是
中国人所应当注意的。"①

　　不过，从总体上看，最早从欧战中引出教训并对近代
中华民族共同体意识觉醒产生根本性影响的人，是李大
钊。1912 年中华民国的建立与"五族共和"的提出，虽
然意味着现代意义的中华民族概念初步形成，但遗憾的
是，孙中山在就任临时大总统的宣言中却未能使用"中华
民族"一词。民国初年，"中华民国"虽与"五族共和"

---

① 瞿秋白：《共产主义之人间化——第十次全俄共产党大会》，见《瞿秋白文集·政
治理论编》第 1 册，193、194 页，北京，人民出版社，1987。

并用，但仅是后者的附庸，并不具有独立的现代意义。而
"五族"并不足以涵盖中国各民族，"五族共和"的表述
与中华民国主张各民族一律平等的"民族统一"的国策也
缺乏自洽。1917 年，李大钊发表《新中华民族主义》一
文，第一次明确指出了"五族共和"提法的不妥，主张以
"中华民族"取代前者。不仅如此，他强调多民族融合组
成的中华民族在历史上早已形成，五族文化也渐趋一致。
如今当明确，凡中华民国之公民，均属中华民族之一员。
此一思想必须于治国理政的方方面面，一以贯之，并自觉
追求中华民族之复兴。人们公认，李大钊此文的发表，是
具有现代意义的"中华民族"概念确立的重要标志；同时，
唯其如此，它也成为近代中华民族共同体意识由自在转为
自觉的重要标志。[①] 然而，人们多忽略了李大钊此文的缘
起，恰恰是其对战后欧洲民族问题的反思，乃有所感而
发的善果。

---

① 参见拙文《中华民族实现由自在转向自觉的鲜明标志——论李大钊的〈新中华
民族主义〉》，载《史学史研究》，2020（4）。

　　需要指出的是，在此文之前，李大钊一直在思考如何唤醒青年一代，创造青春的中华。1916 年，他为《晨钟报》写的发刊词《〈晨钟〉之使命》，副标题就是"青春中华之创造"。同年，在《青春》一文中，他号召青年人"以青春之我"，创建"青春之国家，青春之民族"。[①] 而《新中华民族主义》则开宗明义，更加鲜明地提出了世界面临共同性的问题，即民族问题："盖今日世界之问题，非只国家之问题，乃民族之问题也"，"余于是揭新中华民族主义之赤帜，大声疾呼以号召于吾新中华民族少年之前"。全文约 1500 字，评述战后欧洲民族问题占了约五分之四的篇幅，最后引出对中国民族问题的主张，约 300 字，仅占整个篇幅的约五分之一。无论文章的立意还是脉络的发展之逻辑，都说明此文是李大钊有感而发，即缘反思战后欧洲的民族问题，提出自己对中国民族问题蓄之既久的独立见解。文中他这样描述自己对欧洲民族问题的

①　李大钊：《青春》，见《李大钊全集》第 1 卷，192 页，北京，人民出版社，2006。

观察：

民族主义云者，乃同一之人种，如磁石之相引，不问国境、国籍之如何，而遥相呼应、互为联络之倾向也。或同一国内之各种民族有崩离之势，或殊异国中之同一民族有联系之情，如此次大战导火之奥大利，其境内之民族最为杂沓，老帝在位六十余年，未得一夕安者。职此之故，卒以一皇储为塞人所狙击，遂以召世界非常之风云焉。更如英之爱兰独立问题，危急时在爱尔兰威士特之英人，皆欲执弹刃以与爱兰国民党相见于战场，而在美之爱兰人则为爱兰自治之运动，倾囊相助而不辞。最近美以德国封锁宣言而与德断绝国交已旬余日矣，犹未决然宣战者，其原因虽未明了，而以美国人口九千余万人中，有德系二千余万人，未始非其最大之隐忧也。①

① 李大钊：《新中华民族主义》，见《李大钊全集》第 1 卷，285 页，北京，人民出版社，2006。

在李大钊看来，西方狭隘的民族主义不仅是此次欧战爆发的导火线，而且也为战后欧洲各国各民族间的相互猜忌、钩心斗角埋下了伏线，为祸正长。需要注意的是，至此，李大钊下了一个转话，成为全文画龙点睛之笔："吾国历史相沿最久，积亚洲由来之数多民族冶融而成此中华民族，畛域不分、血统全泯也久矣，此实吾民族高远博大之精神有以铸成之也。"很显然，这是他将中西加以比较后得出的根本结论：中华民族是中国历史上多民族经数千年融合形成的，早已超越了血统与区域的分际而冶为一体。中华民族所以有别于欧洲的狭隘民族主义，归根结底，端在于它富有"吾民族高远博大之精神"。这所谓"高远博大之精神"具体指什么，李大钊没有说明，而是将问题提高到了民族的精神境界与哲学思辨的高度，也许古语"有容乃大"庶几近之。前文曾谈到，严复将中华民族"有可为强族大国之储能"集中概括为"易为合而难为分"，即具有强大的民族内聚力，表达了自己的历史自信。与严复一样，李大钊也表达了自己的历史自信，只是较之前者，后者的概括无疑具有更高的层次。何为"新中华民族主义"？李大钊说："然则今后民国之政教典刑，当悉本此旨以建立民族之精神，统一民族之思想。此之主义，即新中华民族主义也。"换言之，所谓"新中华民族主义"，即自觉加强和推进中华民族共同体发展的主义。故其全文的结语是："嗟乎！民族兴亡，匹夫有责。欧风美雨，咄咄逼人，新中华民族之少年，盖雄飞跃进，以肩兹大任也。"①

欧战后，随着美国总统威尔逊提议建立国际大同盟，倡言联治主义、联邦主义的呼声曾风行一时。人们相信通过联治或联邦组织方式可以化解民族、国家间的一切矛盾，建立起公平正义的世界新秩序。李大钊在转向接受马克思主义之前，也是相信这一点的。例如，他说："多少国家民族间因为感情、嗜性、语言、宗教不同的原故，起过多年多次的纷争，一旦行了联治主义，旧时的仇怨嫌

---

① 李大钊：《新中华民族主义》，见《李大钊全集》第 1 卷，286 页，北京，人民出版社，2006。

憎，都可消灭，都可了结。……依我看来，非行联治主义，不能改造一个新中国"，"我们可以断言现在的世界已是联邦的世界，将来的联邦必是世界的联邦"。[①] 后来的事实证明，在强权的世界下，这仅是一种幻想，不可能实现。需要指出的是，李大钊以中国多民族国家举例，试图从思辨的意义上说明民主主义与联治主义即个性解放与大同团结，两者乃辩证统一的关系，这在事实上是将自己对于中华民族多元一体的认知引向了深化。他写道：

（民主主义与联治主义相反相成）这条线的渊源，就是解放的精神。可是这解放的精神，断断不是单为求一个分裂就算了事，乃是为完成一切个性脱离了旧绊锁，重新改造一个普通广大的新组织。一方面是个性解放，一方面是大同团结。这个性解放的运动，同时伴着一个大同团结

① 李大钊：《联治主义与世界组织》，见《李大钊全集》第2卷，284、285页，北京，人民出版社，2006。

的运动。这两种运动似乎是相反，实在是相成。譬如中国的国旗，一色裂为五色，固然可以说他是分裂，但是这五个颜色排列在一面国旗上，很有秩序，成了一个新组织，也可以说他是联合。……今后中国的汉、满、蒙、回、藏五大族，不能把其他四族作那一族的隶属。……这个性的自由与共性的互助的界限，都是以适应他们生活的必要为标准的。①

其时具有现代意义的"中华民族"概念虽已确立，但国旗仍是体现"五族共和"的五色旗，李大钊以此为例，颇具深意。他明显意在强调：中华民族是由多民族构成的统一体，各民族是平等的，不能把其他各族"作那一族的隶属"；同时，中华民族的本质体现了"一与多""个性的自由与共性的互助"的辩证统一。在此前的《新中华民族主义》中，他强调中华民族统一体的存在由来已久，

① 李大钊：《联治主义与世界组织》，见《李大钊全集》第2卷，283～284页，北京，人民出版社，2006。

确属卓见；但缘此断言，"则前之满云、汉云、蒙云、回云、藏云，乃至苗云、瑶云，举为历史上残留之名辞，今已早无是界"，又失之简单化，因为给人的感觉似乎只有"一"，不再有"多"。现在他将中华民族的多元一体提高到"一与多""个性与共性"的哲学范畴加以辨析，无异于肯定了在体现"大同团结""共性""一体"（"广大的新组织"）之中华民族内部，作为体现个性的多民族的"是界"依然存在，且个性仍当尊重。这显然超越了前者，显示其对中华民族共同体的认知进一步深化了。

战后欧洲民族问题的凸显引发了国人的反思，促进了近代中华民族共同体意识的觉醒。与此相联系，其时民族自决思潮的兴起，也起到了同样的作用。其意义包含两个层面：其一，民族自决的原则本意是提倡各民族皆有自由决定建立自主独立国家的权利，这反映了包括中国在内的被压迫民族反抗列强压迫、争取民族独立的时代潮流；其二，由于民族自决的原则涉及方方面面，内涵外延不易确定，故在实行过程中易被曲解，成了双刃剑，引起难料的后果。西方不少学者认为："鉴于中东欧地区存在大量的少数民族和族裔混合的地区，威尔逊总统倡导民族自决原则不可避免地给两次大战期间欧洲的和平和稳定带来灾难。"[①] 虽然在今天，民族自决仍是现代国际法的一项基本原则，但是，"对于如何理解民族自决权的行使和尊重国家主权和领土完整之间的关系，民族自决权是否包括分离权，国际社会充满争论"[②]。有关第一层面问题的研究，学界已有很多成果，包括巴黎分赃会议后国人认识到威尔逊倡导的民族自决之虚伪性，转而接受列宁提出的以反对帝国主义为基础的民族自决理论，孙中山等也缘此转向以俄为师，等等。本文对此不作赘述，重在国人对第二层面问题的关注。

应当说，时人在欢迎民族自决的同时，联系欧洲民族问题的现实，对其负面的影响也表示了怀疑。隐青在《东

---

① ［英］奥利弗·齐默著，杨光译：《欧洲民族主义，1890—1940》，100 页，北京，北京大学出版社，2013。
② 本书编写组：《国际公法学》，98 页，北京，高等教育出版社，2018。

方杂志》著文指出："此次欧洲大战告终以还，'民族自决''民族自决'之声，遍闻于世界。其久困于他国专制压迫之下者，则欲乘此以恢复其独立自由，其屡受他国之凌辱而濒于危亡者，则欲借此以抗强御而图自存。其狡焉思逞日以侵略为务者，亦且外假民族自决扶危抚弱之名，而内以济其剽窃并吞之欲。呜呼，世固有同一光明正大之名号，而为奸邪善良所共袭用者。顾其祸福不在名号，而在有取此名号之实力焉否耳。"[①] 他以日人倡言"大亚细亚主义"无非是"强者代弱者之自决"为例，以为若不反对强权、不具备自决实力，所谓民族自决不仅只是徒托空言而已，还会成为强者借以侵略分裂其他国家的口实。萨孟武则对实行民族自决本身可能引起的民族冲突表示担忧，他说："民族争斗，既居世界历史之半，由是有心之人，遂唱民族国家之说。民族国家者，谓以世界平和人类幸福之故，对于各种民族，许其自由创设国家也。此言也，外

---

① 隐青：《民族精神》，载《东方杂志》，第16卷第12号，1919。

观上固极有理，然细察之，则实际上，实为不可能之事。"
因为现代交通发达，往来频繁，各国多民族混居，不能
一一别其种族。在"民族之地图与政治之地图"不能完全
一致的情况下，主张各民族皆可自决创设国家、占有领土，
这非引起民族分裂与武力冲突不可。他称之为"民族争斗
之必然的倾向"。① 这些质疑并非杞人忧天，英国学者奥
利弗·齐默在所著《欧洲民族主义，1890—1940》一书
中的观点，实际上也印证了这一点，他说："问题的核
心并不只是民族自决原则本身"，"问题在于新成立的
国家中主导民族选择解释和应用民族自决原则的方式"。②
此外，人所共知，费孝通晚年提出著名的"中华民族多元
一体格局"民族学理论，其中也指出了西方民族理论之缺
陷与民族自决原则之负面影响间的内在联系："我认为
西方民族理论中把'共同地域'作为民族特征和政治观

---

① 萨孟武：《民族争斗及国家主义（上）：民族争斗之必然的倾向》，载《少年
　　中国》，第 4 卷第 10 期，1924。
② ［英］奥利弗·齐默著，杨光译：《欧洲民族主义，1890—1940》，100 页，北京，
　　北京大学出版社，2013。

念中把国家和领土密切结合在一起是分不开的。正因为这种概念，使民族要和国家结合成为民族国家，进而要求国家领土的完整，这不就成了当前西方民族纠纷连绵不断、民族战至今未息的一个原因吗？和西方的民族理论和民族关系相对照，我觉得我们以'民族聚居区'的概念代替民族定义中的'共同地域'为特征的认识是值得令人深思的。"①

如果说，上述隐青诸人还仅是在理论上对民族自决原则表示质疑，那么，梁启超与孙中山则是开始担忧，民族自决原则固然有助益于中国对外反抗列强侵略，争取民族独立的一面；但是，若在中国民族内部也照搬这个原则，中华民族共同体将会深受其害，后患无穷。1918年，梁启超在《欧战议和之感想》中就指出，巴黎和会将要谈民族自决问题，不涉及中国则已，若涉及中国，主权问题决不容外人染指。他说："姑从我自身着想，在平和会议关于

---

① 费孝通：《简述我的民族研究经历和思考》，载《北京大学学报》，1997（2）。

中国以外之事，自当与英美同其主张；至关于中国不当仅
有权利之要求，尤当表示崇高之精神。第一，可以开放外
蒙、西藏，实行威尔逊所谓民族自治自决主义，多予各该
地人民以自治之机会。但持宗主权，居指导之地位，且不
妨许外人公同指导也。"①对于所谓"自治自决主义"，梁启
超只表示可以接受地方自治，排除了"自决"，同时强调
即便是讲自治，也不能关涉中国主权独立。这说明，梁启
超是拒绝将民族自决原则用于中国民族内部的。1922 年，
孙中山以英文发表《孙逸仙宣言》，其中针对关于联邦制
问题的争论，明确表示维护中国的国家统一是不容动摇的
底线。他说："我极力主张地方自治，但也极力认为，在
现在条件下的中国，联邦制将起离心力的作用，它最终只
能导致我国分裂成为许多小的国家，让无原则的猜忌和敌
视来决定它们之间的相互关系。中国是一个统一的国家，
这一点已牢牢地印在我国的历史意识之中，正是这种意识

---

① 梁启超：《欧战议和之感想》，见汤志钧、汤仁泽编：《梁启超全集》第 15 集，
　　187 页，北京，中国人民大学出版社，2018。

才使我们能作为一个国家而被保存下来，尽管它过去遇到了许多破坏的力量，而联邦制则必将削弱这种意识。"[①] 他也认可地方自治，但拒绝联邦制。这里虽未谈到民族自决问题，但是，孙中山将国家统一看得高于一切，有可能削弱国家统一意识的联邦制尚且要坚拒，遑论照搬必然会瓦解中华民族共同体意识的民族自决原则了！

　　值得注意的是，1923 年，共产国际通过《共产国际执行委员会主席团关于中国民族解放运动和国民党问题的决议》，明确规定国民党必须承诺遵行民族自决原则："国民党应公开提出国内各民族自决的原则，以便在反对外国帝国主义、本国封建主义和军阀制度的中国革命取得胜利以后，这个原则能体现在由以前的中华帝国各民族组成的自由的中华联邦共和国上。"[②] 该决议不仅规定"国民党应公开提出国内各民族自决的原则"，而且要承诺革命胜

---

① 陈锡祺主编：《孙中山年谱长编》下册，1494 页，北京，中华书局，1991。

② 中共中央党史研究室第一研究部编：《共产国际、联共（布）与中国革命文献资料选辑（1917—1925）》，548 页，北京，北京图书馆出版社，1997。

利后建立的国家当是体现这一原则的"联邦共和国"。这段话的内容后来写入了由鲍罗廷负责起草，于 1924 年 1 月 23 日通过的《中国国民党第一次全国代表大会宣言》："国民党敢郑重宣言，承认中国以内各民族之自决权，于反对帝国主义及军阀之革命获得胜利以后，当组织自由统一的（各民族自由联合的）中华民国。"[①] 这里回避了"联邦"二字，改为"自由统一的（各民族自由联合的）中华民国"，意思仍是一样的。所谓"国民党敢郑重宣言"，说明这段表述不是随意写入的，而是经反复讨论、推敲后才郑重写入的。然而，这与上述《孙逸仙宣言》坚拒联邦制度的意涵明显是相矛盾的。耐人寻味的是，上述国民党一大宣言通过仅四天，孙中山长篇讲演《三民主义》第一讲"民族主义"开讲。他开宗明义地提出："什么是民族主义呢？""民族主义就是国族主义。"又说："我说民族就是国族，何以在中国是适当，在外国便不适当呢？因为中

[①] 孙中山：《中国国民党第一次全国代表大会宣言》，见《孙中山全集》第 9 卷，119 页，北京，中华书局，1986。

国自秦汉而后，都是一个民族造成一个国家。外国有一个民族造成几个国家的，有一个国家之内有几个民族的。"所以，大家要结合起来，"便可以成一个极大中华民国的国族团体。有了国族团体，还怕什么外患，还怕不能兴邦吗！"① 孙中山关于"国族主义"的观点，尤其是他主张在传统宗族的基础上去造成国族是否精当，这里可不置论；但是，重要之处在于，他既如此强调中国不同于西方，秦汉以来便是一个民族组成一个国家，中国民族从来就是国族，革命胜利后，要"成一个极大中华民国的国族团体"等，如此定义，这里还能给所谓"承认中国以内各民族之自决权""各民族自由联合""中华联邦共和国"云云留有余地吗？那么，如何解释上述这些明显的前后矛盾呢？笔者以为，孙中山坚持国家统一、民族统一至高无上，是一以贯之的。创立中华民国后，他始终强调中国当建成"一大民族主义的国家"。1921 年年初，他在一次党内会议上

---

① 孙中山：《三民主义》，见《孙中山全集》第 9 卷，184、185、239 页，北京，中华书局，1986。

曾提出，取消汉、满、蒙、回、藏的名称，以现有汉族为中心，同化各族，以成中华民族共同的"大民族主义的国家"①。人们尽可以批评这里仍不免有大汉族主义嫌疑，但是，孙中山强调中华民族必须是一个整体的思想是十分坚定的。缘此也不难明白，其所谓"国族"，指的就是"大民族主义的国家"，就是"中华民族的国家"，二者一脉相承，强调国家民族的统一性、整体性。足见，在中国民族内部讲民族自决，从来都不可能是孙中山的选项。故上述国民党一大宣言加入共产国际决议的一段话，只能视为临时妥协的产物。事实上，孙中山并未真正接受，所以四天后的讲演实际上是否定了前者，坚持了初心。他与梁启超一样，赞同地方自治，但拒绝照搬民族自决原则来处理中国内部的民族关系。1938 年，傅斯年所著的《中国民族革命史》第一章中关于民族的界定，即用了近 3000 字的

---

① 孙中山：《在中国国民党本部特设驻粤办事处的演说》，见《孙中山全集》第 5 卷，474 页，北京，中华书局，1985。

篇幅系统引述上述孙中山关于"民族就是国族"的讲演。他说："中山先生在此处所发挥者，固以民族主义为主，然民族一词之定义，中华民族之特点亦连带发挥无馀蕴。故今恭录此说于篇首以为全书中用此一词之准式焉。"① 事实上，其后的国民党仍遵此"准式"，不承认民族自决是处理中国内部民族关系的原则。全民族抗战爆发后，中国共产党也调整了自己的民族政策。1947 年她创建了内蒙古自治区，中华人民共和国成立后更将民族区域自治制度推行到全国。中国共产党主张民族区域自治，同样不承认民族自决是处理中国内部民族关系的原则。国共两党在民族自决原则这个问题上存有共识，耐人寻味。

欧战后欧洲民族问题凸显，引发了国人的反思，并从中得出了应有的教训。无论是李大钊提出"新中华民族主义"，推动了现代意义的中华民族概念的确立，还是梁启超、孙中山坚持国家统一与主权独立，反对照搬民族自决

---

① 傅斯年：《中国民族革命史》，见欧阳哲生编：《傅斯年文集》第 3 卷，293 页，北京，中华书局，2017。

原则用以处理中国内部的民族关系，无疑都体现了近代中华民族共同体意识的觉醒，体现了国人宽容与理性的精神。

图书在版编目(CIP)数据

近代中华民族共同体意识的自觉:以国共合作为中心的考察/
郑师渠著. —北京:北京师范大学出版社,2024.6
(铸牢中华民族共同体意识研究丛书)
ISBN 978-7-303-29829-7

Ⅰ.①近… Ⅱ.①郑… Ⅲ.①中华民族-民族意识-研究
②国共合作-研究 Ⅳ.①C955.2②K262.607③K265.190.7

中国国家版本馆 CIP 数据核字(2024)第 101870 号

营 销 中 心 电 话　010-58808006
北京师范大学出版社
新 史 学 策 划 部　新史学 1902

JINDAI ZHONGHUAMINZU GONGTONGTI YISHI DE
ZIJUE
出版发行:北京师范大学出版社　www.bnupg.com
　　　　　北京市西城区新街口外大街 12-3 号
　　　　　邮政编码:100088
印　　刷:北京盛通印刷股份有限公司
经　　销:全国新华书店
开　　本:890 mm×1240 mm　1/32
印　　张:5.375
字　　数:77 千字
版　　次:2024 年 6 月第 1 版
印　　次:2024 年 6 月第 1 次印刷
定　　价:45.00 元

策划编辑:宋旭景　　　　　责任编辑:王艳平
美术编辑:王齐云　　　　　装帧设计:王齐云
责任校对:丁念慈　　　　　责任印制:陈　涛　赵　龙